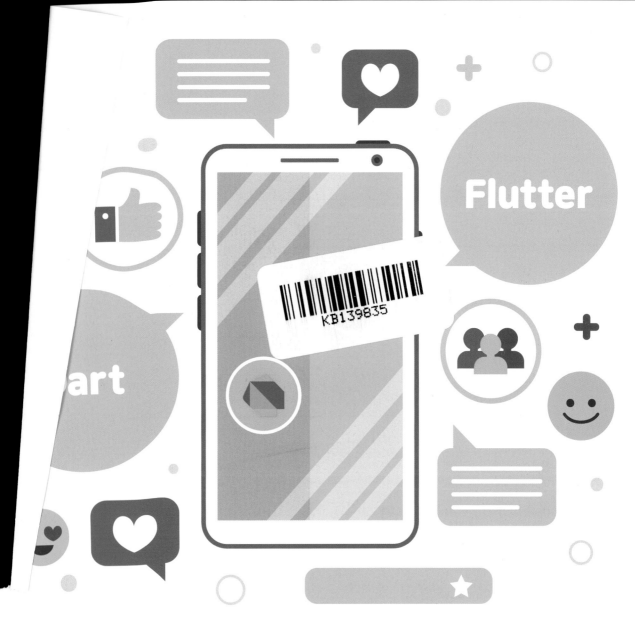

모바일 앱 개발을 위한 **Dart&Flutter**

# 다트&플러터

서준수 저

**DIGITAL BOOKS**
디지털북스

모바일 앱 개발을 위한    Dart&Flutter

# 다트&플러터

## | 만든 사람들 |

**기획** IT·CG기획부 | **진행** 박소정 | **집필** 서준수 | **책임 편집** D.J.I books design studio
**표지 디자인** D.J.I books design studio 김진 | **편집 디자인** 디자인숲 · 이기숙

## | 책 내용 문의 |

도서 내용에 대해 궁금한 사항이 있으시면
저자의 홈페이지나 디지털북스 홈페이지의 게시판을 통해서 해결하실 수 있습니다.

**디지털북스 홈페이지** www.digitalbooks.co.kr
**디지털북스 페이스북** www.facebook.com/ithinkbook
**디지털북스 카페** cafe.naver.com/digitalbooks1999
**디지털북스 이메일** djibooks@naver.com
**저자 이메일** bookwriterseo@gmail.com
**저자 깃허브** https://github.com/MyStoryG/dart_flutter

## | 각종 문의 |

**영업관련** dji_digitalbooks@naver.com
**기획관련** djibooks@naver.com
**전화번호** (02) 447-3157~8

# 머리말

현재 스마트폰 시장은 안드로이드와 iOS로 양분화되어 있습니다. 사용자 입장에서는 선택권이 늘어나는 점은 긍정적인 부분이라고 생각합니다. 다만 앱 서비스 관점에서는 각 OS에 맞는 앱을 개발해야 한다는 부담이 있습니다. 이러한 문제를 해결하기 위해서 등장한 것이 크로스 플랫폼입니다. 크로스 플랫폼은 모바일 환경에만 국한된 것이 아니라 하나의 소스로 다양한 플랫폼을 지원하는 역할을 합니다. 대표적인 크로스 플랫폼 지원 언어로는 자바가 있습니다.

모바일 환경에서 대표적인 크로스 플랫폼 개발 도구는 마이크로 소프트의 자마린(Xamarin), 페이스북의 리액트 네이티브(React Native), 아파치의 코르도바(Cordova), 어도비의 폰갭(PhoneGap) 등이 있습니다. 다양한 개발 도구가 말해주듯이 크로스 플랫폼의 모바일 환경 지원에 대한 갈증을 해결하려는 노력 또한 적지 않았을 것입니다.

이러한 상황 속에서 최근 주목받는 것이 바로 플러터(Flutter)입니다. 플러터는 안드로이드와 같이 구글에서 개발한 크로스 플랫폼 프레임워크입니다. 플러터는 네이티브만큼 동작이 빠르면서도 개발하기 쉬운 구조를 가지고 있습니다. 따라서 초보 개발자도 원하는 앱을 빠르게 만들 수 있습니다.

플러터에서 사용하는 언어는 다트(Dart)입니다. 다트는 구글이 준비 중인 차세대 OS인 퓨시아(Fuchsia)에서 사용될 언어이기도 합니다. 지금 플러터를 시작한다는 것은 크로스 플랫폼 개발로 앱 개발 시간을 단축할 수 있고 앞으로는 새로운 OS에 대한 대비를 할 수 있다는 의미입니다.

다트 언어도 모르는데 어떻게 플러터를 시작할 수 있을지 걱정하지 마십시오. 이 책은 다트 언어의 기초부터 플러터까지 다루며, 다양한 예제를 중심으로 쉽고 빠르게 플러터에 입문할 수 있도록 구성했습니다.

끝으로 이 책이 나올 때까지 항상 응원을 아끼지 않으신 박소정 편집자님에게 정말 감사드립니다. 그리고 늘 곁에서 자리를 지켜준 사랑하는 아내 아정이와 항상 제 삶의 힘이 되는 가족들에게도 고마움의 마음을 전합니다.

자, 이제 플러터의 매력에 빠져봅시다!

2020년 10월

서준수 (bookwriterseo@gmail.com)

## 이 책의 소개

### 대상 독자

이 책은 최소 한 가지 프로그래밍 언어에 대한 기초 지식이 있는 독자에게 최적화되어 있습니다. 다트와 플러터의 기초부터 다루지만 프로그래밍 경험이 전무한 사람에게는 기본 용어 자체가 생소할 수 있기 때문입니다. 모바일 앱 개발 경험이 있다면 이해하는 데 좀 더 도움이 될 수는 있겠지만 몰라도 괜찮습니다. 플러터만으로도 모바일 앱 개발을 시작할 수 있도록 구성했기 때문입니다.

### 이 책의 구성

이 책은 다트와 플러터의 기초를 모두 다룹니다. 다만 어떤 프로그래밍 언어도 책 한 권에 그 내용을 모두 담을 수는 없듯 이 책 또한 그러합니다. 따라서 이 책의 목표는 플러터에 빠르게 입문하도록 돕고 책에 없는 내용은 스스로 학습할 수 있는 능력을 갖추도록 하는 것입니다. 모든 개념들은 간단한 예제를 중심으로 직접 실행해보며 쉽게 이해할 수 있도록 구성했습니다. 예제로도 부족하다고 생각되는 개념은 그림을 추가하여 설명하였습니다.

### 1장 _ 플러터 시작하기

플러터에 대해 소개하고 개발 환경을 구축합니다. 개발 환경 구축이 완료되면 간단한 첫 플러터 앱을 실행해봅니다. 또한 플러터 개발 시 유용한 Hot Reload를 알아봅니다.

### 2장 _ 다트 프로그래밍

다트 언어를 소개 및 개발 환경을 구축한 후 개요부터 기초 문법까지 학습합니다. 다트만의 독특한 스레드 구조인 isolate와 비동기 프로그래밍도 다룹니다.

### 3장 _ 위젯의 기본 개념

플러터의 가장 기본 요소인 위젯이 무엇인지 알아봅니다. 그리고 StatelessWidget과 StatefulWidget에 대해서 소개하며 StatefulWidget의 생명주기도 살펴봅니다.

### 4장 _ 화면표시 위젯

플러터는 위젯이란 개념으로 모든 화면을 구성합니다. 텍스트나 이미지를 표시하는 방법부터 버튼 등과 같이 사용자와 상호 작용을 하는 위젯들을 사용하는 방법을 배웁니다.

### 5장 _ 레이아웃 구성

레이아웃 역시 위젯으로 구성됩니다. 버튼 등의 위젯을 가로 또는 세로로 배치하거나 많은 양의 데이터를 목록으로 표시하고 스크롤하는 방법 등을 살펴봅니다.

### 6장 _ 화면 전환 및 상태 관리

다른 화면으로 이동하는 방법을 배웁니다. Navigator와 Route를 사용하는 두 가지 방법을 모두 다룹니다. 또한 Provider를 사용하여 공통으로 사용하는 데이터의 상태를 관리하는 실습을 진행합니다.

### 7장 _ 애니메이션

플러터에서 크게 두 가지로 나눌 수 있는 애니메이션 개념인 암시적 애니메이션과 명시적 애니메이션을 다루고 이에 관한 대표 예제를 실습해봅니다. 또한 화면 전환 시 애니메이션 효과를 부여하는 Hero 위젯도 살펴봅니다.

### 8장 _ 실전 프로젝트

앞서 배운 내용들을 활용하여 알람 및 날씨 브리핑 앱을 만들어봅니다. 배운 내용의 범위를 벗어나는 수준의 기능 구현은 패키지를 통해 해결합니다. 패키지는 라이브러리로 이해하면 되며 실전에서 반드시 사용하게 됩니다. 따라서 이 장을 통해 패키지 사용법을 필수적으로 알고 있도록 합시다.

## 예제 파일

이 책의 모든 예제는 https://github.com/MyStoryG/dart_flutter에서 다운로드할 수 있습니다. 예제 파일은 각 장별로 분류되어 있습니다. 예제를 실습하는 도중에 막히는 부분이 생긴다면 이 파일을 열어 어떤 실수가 있었는지 쉽게 참고해볼 수 있습니다.

(예제 파일을 다운로드하는 방법은 8페이지의 '예제 파일 제공'을 참조해주세요.)

# CONTENTS

## 예제 파일 제공

이 책의 2장(Chapter 2)부터는 다트, 플러터 예제를 다룹니다. 예제 파일은 깃허브(Github)에서 열람하거나 다운로드할 수 있습니다.

❶ 브라우저에서 다음의 URL을 입력해 깃허브에 접속합니다.

　URL: https://github.com/MyStoryG/dart_flutter

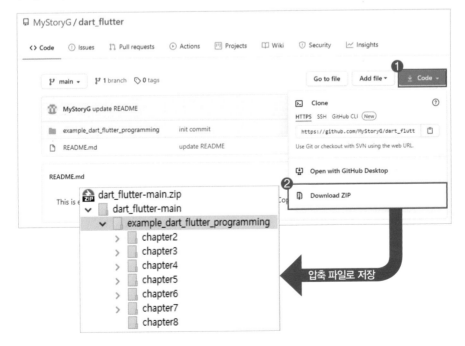

❷ 다음 그림과 같이 클릭하여 예제 파일을 다운로드합니다.

# Chapter. 01
# 플러터 시작하기

## 플러터(Flutter)란?

플러터는 구글이 만든 크로스 플랫폼 앱 개발 프레임워크이다. 크로스 플랫폼이란 하나의 소스로 다양한 플랫폼에서 동작하는 프로그램 개발을 가능하게 하는 것이다. 플러터는 모바일 양대산맥인 안드로이드와 iOS를 동시에 개발하는 데 주로 사용되지만 이외에도 웹, 데스크톱 앱 개발까지 지원하며 지속적으로 발전하고 있다.

그림 1.1 플러터

플러터에서 사용하는 언어는 구글이 개발한 다트(Dart)이다. 플러터와 다트는 모두 오픈 소스라 무료이다.

## 플러터 vs 리액트 네이티브

플러터 외에도 여러 가지 크로스 플랫폼은 존재한다. 마이크로 소프트의 자마린(Xamarin), 페이스북의 리액트 네이티브(React Native), 아파치의 코르도바(Cordova), 어도비의 폰갭(PhoneGap) 등이 있다. 그중에서 플러터의 가장 강력한 라이벌은 리액트 네이티브다.

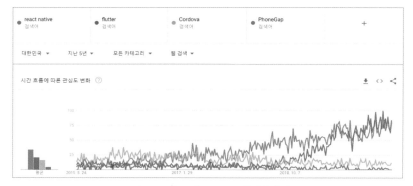

그림 1.2 구글 트렌드 크로스 플랫폼 추세

(출처: https://trends.google.co.kr/trends/explore?date=today%205-y&geo=KR&q=react%20native,flutter,Cordova,PhoneGap)

리액트 네이티브(이하 RN)는 자바스크립트의 라이브러리인 리액트(React.js) 기반의 모바일 앱 프레임워크다. 따라서 자바스크립트에 익숙한 사람이라면 진입장벽이 낮다. 하지만 기존 네이티브 앱 개발자는 안드로이드 기준으로 자바스크립트보다는 자바에 익숙할 것이다. 따라서 플러터는 자바와 비슷한 다트를 사용한다는 점이 장점이며 플러터는 RN 보다 뛰어난 성능을 보여준다. 실제로 플러터 공식 사이트에서도 당당하게 네이티브(안드로이드, iOS) 수준의 성능을 낸다고 말하고 있다. 이 점이 플러터의 가장 큰 장점이다.

| | 플러터 | 리액트 네이티브 |
|---|---|---|
| 지원 언어 | 다트 | 자바스크립트 |
| 장점 | • 기존 앱 개발자에 친숙<br>• 네이티브 수준의 성능 | • 오픈소스 라이브러리 다수<br>• 커뮤니티 활성화 |
| 단점 | • 오픈소스 라이브러리 적음<br>• 시장 진입이 비교적 최근 | • 기존 앱 개발자 진입장벽 높음<br>• 병목 현상으로 성능 저하 |

플러터의 성능이 좋은 이유는 무엇일까?

## 1. 배포(Release mode) 시 AOT를 통해서 Dart 코드를 각 플랫폼의 네이티브에 맞는 코드로 컴파일한다.

## 2. 디바이스의 렌더링을 Skia라는 오픈 소스 그래픽 라이브러리에 맡긴다.

이로 인해 대부분의 작업에서 GPU를 사용하여 UI가 60 fps로 동작한다. 또한 Skia를 사용하면서 네이티브 컴포넌트를 사용하지 않게 되므로 안드로이드나 iOS에 관계 없이 비슷한 화면을 구성할 수 있다.

플러터가 RN과 성능 차이가 나는 이유는 다음과 같은 구조적 문제 때문이다. 위젯과 채널을 나누어 접근하는 플러터와 달리 RN은 플랫폼의 네이티브 영역에 접근할 때 브릿지(bridge)를 거치므로 병목 현상이 발생한다.

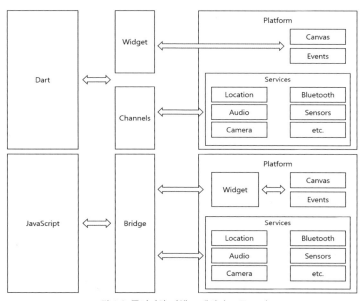

그림 1.3 플러터와 리액트 네이티브 구조 비교

## 왜 플러터를 써야 할까?

네이티브 성능을 가지는 크로스 플랫폼 개발이 가능한 것만으로도 큰 이유이다. 하지만 만약 크로스 플랫폼 개발이 필요 없는 경우라면 꼭 플러터를 쓸 필요가 있을까 하는 의문이 남는다. iOS는 개발하지 않고 안드로이드 개발만 한다고 해도 분명 장점은 있다.

### 1. Hot reload를 통한 쉽고 빠른 개발이 가능하다.

Hot reload는 개발 중인 앱이 디바이스나 에뮬레이터에서 실행 중일 때 코드를 수정한 후 저장을 하면 곧바로 수정 내용을 반영한다. 그러면 수정사항이 앱에 어떤 영향을 미치는지 빠르게 확인할 수 있다. 특히 UI를 변경하면 곧바로 변경점을 확인할 수 있어 UI 구성에 소모되는 시간을 대폭 줄일 수 있다. 예를 들어 버튼 위치 조정을 위해 마진 값을 변경했다고 하자. 네이티브에서는 실제 동작 확인을 위해서는 빌드한 후 단말기에 설치하는 시간이 소모된다. 그 시간이 생각보다 길다.

Hot reload는 앞서 말한 Release mode에서는 작동하지 않는다. 오직 Debug mode에서만 작동한다. dart 1.21 버전부터 AOT가 아닌 JIT으로 컴파일이 되기 때문에 빠른 반영이 가능한 것이다.

### 2. 내장된 위젯, 모션 API 등으로 쉽게 멋진 UI를 구성할 수 있다.

플러터는 기본적으로 안드로이드를 위한 머티리얼 위젯과 iOS를 위한 쿠퍼티노 위젯을 포함하고 있어서 비교적 간단하게 멋진 UI 구성이 가능하다. 네이티브처럼 별도의 xml을 통해 layout을 구성하는 방식이 아니고 코드로 위젯을 구성해나간다. 이때 Hot reload를 통한 즉각적인 피드백을 통해서 마치 html로 레이아웃을 구성하는 것처럼 작업할 수 있다.

## 1.2 개발 환경 구축

### 목적에 맞는 개발 환경 구축하기

플러터는 크로스 플랫폼 앱 개발을 위한 프레임워크인 만큼 다양한 목적으로 사용될 수 있다. 따라서 개발 환경도 목적에 따라 선택적으로 구축할 수 있다.

플러터가 지원하는 환경은 다음과 같다.

- **OS:** 윈도우, 맥OS, 리눅스
- **Target:** 안드로이드, iOS, 웹, 데스크톱
- **Editor:** 안드로이드 스튜디오, IntelliJ, VS CODE

iOS 앱을 개발하기 위해서는 맥OS 환경이 필요하다.

이 책에서는 안드로이드를 중심으로 살펴볼 것이다. 따라서 사용할 환경은 다음과 같다.

- OS: 윈도우10
- Target: 안드로이드
- Editor: 안드로이드 스튜디오

다음의 순서를 따라 플러터 개발 환경을 구축해보자.

**STEP 1** 안드로이드 스튜디오 설치

플러터를 시작하는 대부분의 사람들은 이미 안드로이드 스튜디오를 설치했을 것이라 생각한다. 만약 설치하지 않은 사람이 있다면 다음 순서를 따라 설치하면 된다.

**01** Android Developer 공식 사이트(https://developer.android.com/studio)에서 설치 파일을 받는다.

설치 방법은 아래 링크에서 동영상으로 확인할 수 있다.

https://developer.android.com/studio/install?hl=ko

**02** 다음 링크의 문서를 참조하여 환경 변수를 설정해준다. 참고로 최신 문서를 보면 ANDROID_HOME은 별도로 설정해줄 필요가 없다.

https://developer.android.com/studio/command-line/variables?hl=ko

**03** ADB(Android Debug Bridge)를 사용하기 위해서 다음 환경 변수를 등록한다. 본인의 sdk path에 맞게 등록해야 한다.

**예시)** C:₩Users₩Seo₩AppData₩Local₩Android₩sdk₩platform-tools

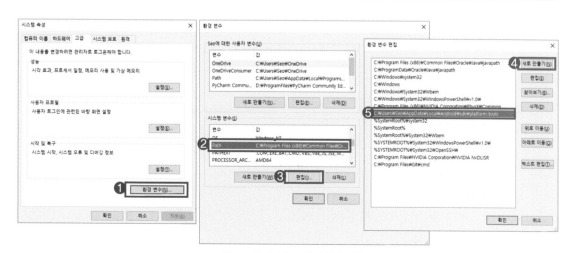

그림 1.4 플러터 SDK 환경 변수 등록

플러터 SDK 설치

## 01 플러터 SDK 다운로드

다음의 링크에서 SDK를 다운로드한다.

참고로 Stable channel이 정식 버전이며, 이 책에서 사용된 버전은 v1.20.2이다.

> https://flutter.dev/docs/development/tools/sdk/releases?tab=windows

다운로드한 파일은 zip형식의 압축파일인데 적절한 경로에 압축을 풀면 된다.

**예시)** D:\flutter

## 02 환경 변수 등록

SDK를 환경 변수에 등록한다. 이때 설정할 경로는 flutter SDK 압축을 푼 경로의 bin 폴더까지이다.

**예시)** D:\flutter\bin

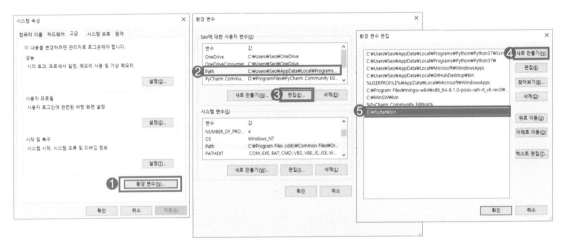

그림 1.5 플러터 SDK 환경 변수 등록

## 03 SDK 설치 확인

flutter doctor를 통해서 SDK가 정상적으로 설치되었는지 확인한다. 명령창(cmd)에서 flutter doctor라고 입력하면 된다.

그림 1.6 flutter doctor 실행

flutter doctor를 실행하면 위와 같이 여러 가지 체크 항목이 보인다.

첫 번째 항목은 SDK 설치 정보를 확인하는 내용이다. 나머지 사항은 개개인의 PC 환경에 따라 다르게 나올 수 있다.

두 번째 항목은 라이선스 동의가 이뤄지지 않은 부분이 있다는 내용이다. 친절하게도 다음의 명령어로 해결하라고 알려준다. 명령어 입력 후 각 라이선스에 동의하면 해결된다.

```
flutter doctor --android-licenses
```

세 번째 항목은 안드로이드 스튜디오에 플러터 플러그인과 다트 플러그인이 설치되지 않았다는 것을 알려준다.

네 번째 항목은 PC에 IntelliJ가 설치되어 있는데 플러터 플러그인과 다트 플러그인이 설치되지 않아서 나타난 것이다.

다섯 번째 항목은 연결된 디바이스가 없다는 알림이다.

## 01 안드로이드 스튜디오 실행

안드로이드 스튜디오를 처음 실행하면 아래와 같이 Welcome 창이 뜬다. 여기서 Configure > Plugins를 선택한다.

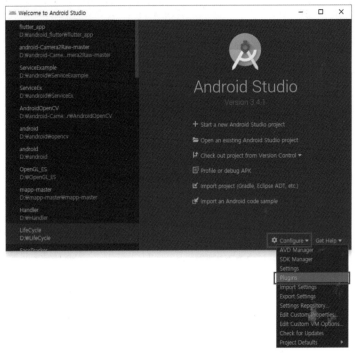

그림 1.7 플러그인 선택

## 02 플러터 플러그인 설치

flutter를 검색하여 설치한다.

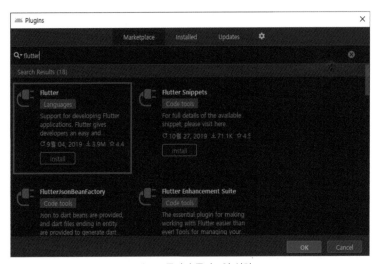

그림 1.8 플러터 플러그인 설치

## 03 다트 플러그인 설치

플러터 플러그인 설치가 완료되면 dart 플러그인 설치를 할 것인지 알아서 묻는다. 편리하다.

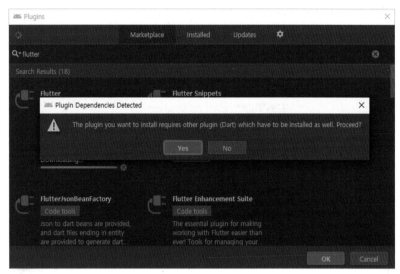

그림 1.9 다트 플러그인 설치

**STEP 4** 안드로이드 에뮬레이터 설정

AVD(Android Virtual Device)를 추가하기 위해 ❶ 아이콘을 클릭해 AVD Manager를 실행한다. 그 후 생성된 창에서 ❷ Create Virtual Device를 선택한다. ❸ 원하는 기기를 선택한 후 Next를 선택한다.

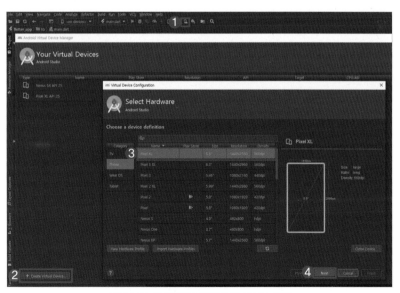

그림 1.10 에뮬레이터 단말기 및 해상도 설정

에뮬레이터에 설치할 안드로이드 버전을 선택한다. System Image는 x86 또는 x86_64를 권장한다.

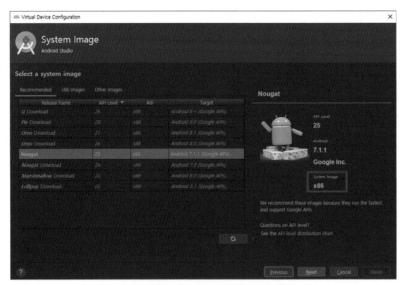

그림 1.11 에뮬레이터 안드로이드 버전 선택

Emulated Performance에 Graphics 옵션을 Hardware - GLES 2.0으로 선택한다.

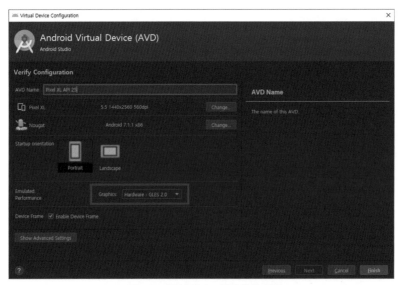

그림 1.12 에뮬레이터 그래픽 옵션 선택

생성이 완료되면 다음과 같이 실행 버튼을 눌러서 에뮬레이터를 실행한다.

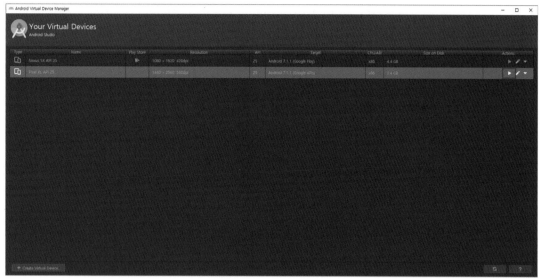

그림 1.13 에뮬레이터 실행

 **1.3 첫 플러터 앱 실행**

**01** 플러터 SDK를 설치한 후 안드로이드 스튜디오를 실행하면 다음과 같이 플러터 프로젝트를 생성할 수 있는 Start a new Flutter project가 생긴다. 해당 메뉴를 선택한다.

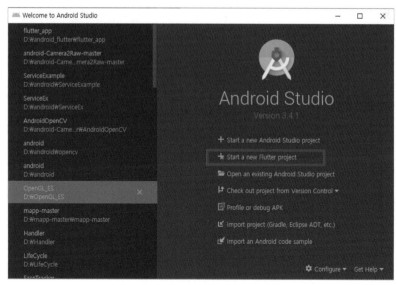

그림 1.14 새로운 플러터 프로젝트 시작하기

**02** Flutter Application을 선택한 후 Next를 누른다.

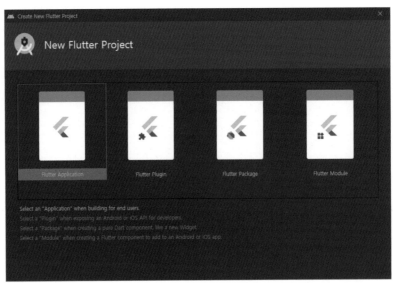

그림 1.15 플러터 앱 선택

**03** 프로젝트 이름을 입력하고(예시: myapp) 플러터 SDK 경로가 제대로 설정되어 있는지 확인한다. 올바른 경로가 설정되어 있지 않다면 앞서 압축을 풀어놓은 SDK 폴더를 선택한다(예시: D:\flutter). 그 후 Next를 누른다.

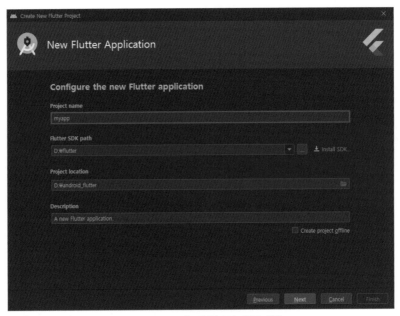

그림 1.16 프로젝트명 및 SDK 경로 설정

**04** 패키지명을 정하고 Finish를 누른다.

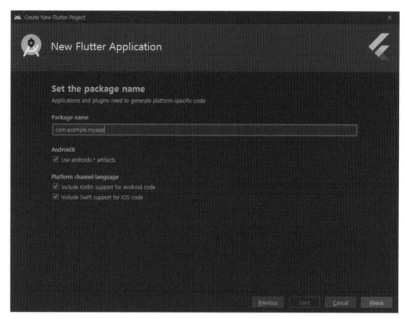

그림 1.17 패키지명 설정

**05** 앞서 실행한 에뮬레이터를 선택하고 프로젝트 실행 버튼을 누른다. 그러면 다음과 같이 에뮬레이터에 예제 앱이 실행되는 것을 확인할 수 있다.

그림 1.18 플러터 앱 실행하기

## 1.4 Hot reload

앞의 과정을 통해서 실행된 앱은 Debug mode이므로 Hot reload가 가능한데, 앱을 종료하지 않도록 주의하자. Hot reload를 하려면 반드시 앱이 실행 중인 상태여야 한다.

Hot reload 테스트를 위해 lib/main.dart 파일의 95라인을 수정한다.

'You have **pushed** the button this many times'

↓

'You have **clicked** the button this many times'

```
92          mainAxisAlignment: MainAxisAlignment.center,
93          children: <Widget>[
94      ┌── Text(
95      │       'You have pushed the button this many times:',
96      └── ), // Text
97      ┌── Text(                    clicked로 수정
98      │       '$_counter',
99      │       style: Theme.of(context).textTheme.display1,
00      └── ), // Text
01          ], // <Widget>[]
02        ), // Column
03      ), // Center
```

그림 1.19  텍스트 수정

텍스트를 수정한 후 Ctrl + S로 main.dart를 저장하거나 상단의 번개 모양인 Hot reload 버튼을 누르면 에뮬레이터에 빠르게 반영된다.

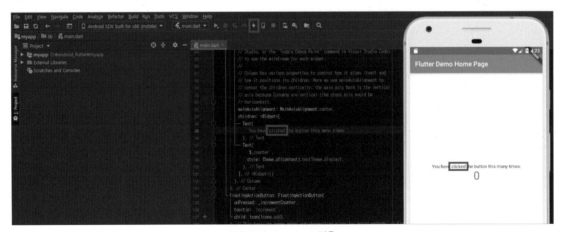

그림 1.20  Hot reload 적용

# Chapter. 02
# 다트 프로그래밍

## 다트 프로그래밍 언어?

다트(Dart)는 구글이 2011년 웹 프론트엔드 개발을 위해 만든 언어이다. 지금은 웹뿐만 아니라 데스크톱이나 모바일 앱까지 개발할 수 있다. 구글이라는 거대 기업이 만든 언어인데도 한때 배울 필요가 없는 언어로 여겨졌다.

그림 2.1 2018년 가장 배울 필요 없는 언어 1위 다트
(출처: https://www.codementor.io/blog/worst-languages-to-learn-3phycr98zk)

그랬던 다트가 플러터의 인기에 힘입어 재조명되고 있다. 플러터에서 다트가 사용되기 때문이다.

## 다트 언어의 장점과 특징

다트를 단지 플러터를 사용하기 위해서 어쩔 수 없이 배워야 하는 걸까? 꼭 그렇지만은 않다.

오히려 다트의 특징 덕분에 플러터가 빛나는 부분도 있다.

일단 다트는 객체 지향이면서 C언어와 유사한 문법을 가지고 있다. 따라서 프로그래밍 경험이 조금 있는 사람이라면 쉽게 배울 수 있다. 또한 코드 수정 결과를 즉시 보여주는 Hot reload를 사용해서 개발 생산성을 높일 수 있다. 그리고 AOT 컴파일로 네이티브 코드를 생성하기 때문에 모든 플랫폼에서 빠른 속도를 제공한다. 이러한 장점에 플러터까지 더해진 것이다.

다트의 특징을 요약하면 다음과 같다.

① 객체 지향
② 선택적 타입(optional type)
③ 메모리를 공유하는 thread 대신 독립 메모리를 갖는 isolate를 사용
④ 자바스크립트와 호환

## 다트 프로그래밍 개발 환경

여느 프로그래밍 언어와 마찬가지로 다트 프로그래밍을 위해서는 개발 환경을 설정해야 한다. 다트 자체가 여러 가지 개발용으로 사용 가능하기 때문에 목적에 맞는 환경 구축을 해야 한다. 이 책에서의 목적은 플러터를 사용한 모바일 앱 개발을 위한 다트 학습이다.

앞서 플러터로 모바일 앱 개발을 위한 개발 환경을 구축했다면 이미 안드로이드 스튜디오와 플러터 SDK가 설치되어 있을 것이다. 이 상태라면 곧바로 다트 프로그래밍이 가능하다.

다만 플러터 프로젝트로 생성한 상태라 불편한 점이 하나 있다. 바로 AVD를 실행하거나 디바이스를 연결한 상태이어야 다트 프로그래밍을 할 수 있다는 것이다.

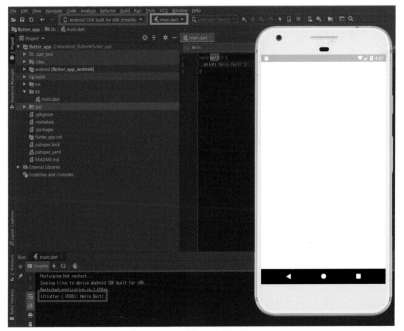

그림 2.2 에뮬레이터를 통한 다트 실행

하지만 AVD 또는 디바이스 연결 없이 바로 실행 가능한 방법이 있다. 프로젝트 생성 후에 lib 〉 New 〉 Dart File로 새로운 다트 파일을 만드는 것이다. 이때 생성된 파일은 아래 그림 2.3의 상단 박스 부분과 같이 다트 파일 아이콘으로 표시된다. 그림 2.2를 보면 플러터 프로젝트를 처음 생성하면서 만든 파일은 플러터 아이콘으로 보인다.

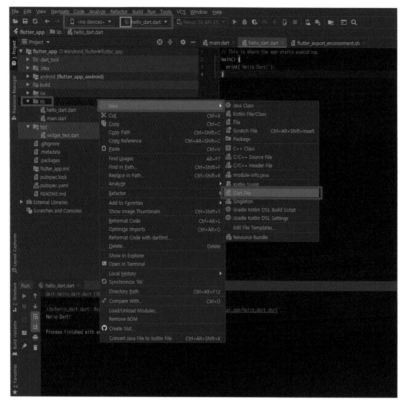

그림 2.3 다트 파일 추가하기

hello_dart.dart라는 파일을 하나 추가해서 빌드해보면 AVD 또는 디바이스 연결 없이 실행되고 콘솔 창에 결과가 나온다.

> **NOTE** **Dartpad (https://dartpad.dev/)**
>
> 다트 패드(Dartpad)는 공식적으로 제공되는 웹 에디터이다. 실제 개발용으로 사용하기는 무리다. 하지만 간단한 로직 테스트로는 훌륭하다. 별도로 설치할 파일도 없고 환경을 설정할 필요도 없기 때문이다. 또한 웹 기반이라 브라우저가 동작하는 환경이면 어디서든 사용할 수 있다는 것도 장점이다.

## 2.2 다트의 기본 구조

다음 예제는 다트의 가장 기본적인 내용을 포함하는 코드이다. 대부분의 프로그래밍 언어에서 사용하는 방식과 유사한 점이 많다. 추후 좀 더 자세히 알아보고 지금은 간단하게 훑어본다.

예제는 main.dart와 dartEx01.dart라는 두 개의 파일로 구성된다. 각 파일의 경로는 다음과 같다.

그림 2.4 기본 구조 예제의 구성

먼저 main.dart를 살펴보자.

예제 2.1 기본 구조 main.dart

```
import 'package:dartEx01/dartEx01.dart' as dartEx01; ①


// Define a function. ②
add(int a, int b) { ③
```

```
        return a + b;
}

main() {  ④
    var numberA = 10;  ⑤
    var numberB = 25;
    var result = add(numberA, numberB);  ⑥
    dartEx01.printResult(result);  ⑦
}
```

```
The number is 35.
```

① **import**: 패키지 내의 라이브러리를 사용하고자 할 때 라이브러리를 가져오기 위해 사용한다. 해당 라인은 lib 내의 dartEx01.dart를 dartEx01라는 prefix로 가져온다는 의미이다. 파이썬 경험자라면 익숙할 것이다.

② 주석은 // 을 사용한다.

③ **함수 선언**: 두 매개변수를 더하여 리턴하는 함수이다. 함수명 앞에 리턴 타입이 생략된 것을 눈여겨 볼 만하다. int형을 리턴해주고 있기 때문에 당연히 생략된 리턴 타입은 int형이다. 리턴 값이 없는 경우에도 void 생략이 가능하다.

④ **main() 함수**: 앱 실행을 시작하는 최상위 함수이다. lib 내의 파일은 보통 공유 가능한 코드를 포함하고 해당 코드를 bin 등에 공유한다. bin은(main()를 포함하는) 파일을 실행하기 위한 다트의 엔트리 포인트(entry point, 시작점)를 포함한다. 그래서 main.dart가 bin 내에 있는 것이다.

⑤ 다트 변수 선언은 var라는 키워드를 사용한다. var는 특정 타입을 지정하지 않은 형태로 해당 변수가 참조하는 타입에 따라 결정된다. 변수에 할당이 아닌 참조라고 하는 이유는 다트의 모든 변수는 객체(object)이기 때문이다. 여기서는 숫자를 참조하기 때문에 int형으로 추론 가능하다.

⑥ add() 함수를 호출하고 리턴 값을 result 변수가 참조한다.

⑦ dartEx01.dart 내의 printResult() 함수를 호출한다. import 시 dartEx01를 prefix로 지정하였기 때문에 'dartEx01.함수명'으로 호출하는 것이다. dartEx01.dart 내용은 다음과 같이 printResult()을 통해서 출력하는 내용이 전부이다.

예제 2.2 기본 구조 dartEx01.dart

```
printResult(int number) {
    print('The number is $number.');  ①
}
```

① 어타 프로그래밍 언어처럼 콘솔에 텍스트를 표시하려면 print() 함수를 사용한다. 문자열 리터럴을 출력할 때는 '내용'이나 "내용"처럼 작은따옴표나 큰따옴표 모두 사용 가능하다.

변숫값을 출력하려면 '$변수', 내용을 변숫값과 함께 출력하려면 '내용 $변수명'으로 사용하면 된다. 변숫값 대신 표현식을 출력하고 싶다면 '내용 ${표현식}'을 사용하면 된다.

**ex)** print('The number is ${aNumber + 10}.');

---

**NOTE** **다트의 중요 개념**

기존 언어에도 존재하는 개념이지만 다트에도 이런 개념들이 있다는 것을 알면 좋다.

- **모든 변수는 객체(object), 모든 객체는 클래스의 인스턴스이다.**
  숫자, 함수, null도 객체이며 모든 객체는 Object 클래스로부터 상속된다.
- **타입 어노테이션은 타입 추론이 가능할 경우에는 필수가 아닌 선택사항이다.**
  예를 들어 int number = 10;으로 명시적으로 타입을 지정하지 않고 var number = 10;으로 사용 가능하다는 의미이다.
- **타입이 예상되지 않는다는 것을 명시적으로 표현하고 싶을 때는 dynamic 키워드를 사용한다.**
  이것은 하나의 변수가 여러 타입으로 변경 가능하다는 의미이다. var 키워드와 비교해보면 좀 더 이해하기 쉽다. var는 다음과 같이 String 타입으로 지정된 후에는 int 타입을 참조할 수 없다.

**ex)**
```
var name = "Kim";
name = 100;
Error: A value of type 'int' can't be assigned to a variable of type 'String'.
```

이때 dynamic 키워드를 사용하면 문제가 해결된다.

**ex)**
```
dynamic name = "Kim";
name = 100;
```

- **제네릭 타입을 지원한다.**
- **main()과 같은 최상위 함수를 지원한다.**
- **public, protected, private 키워드가 없다.**
  해당 라이브러리 내에 private 하려면 식별자 앞에 밑줄(_)을 붙인다.
- **두 가지 런타임 모드(debug mode와 release mode)가 있다.**
  debug mode는 dartdevc 컴파일러를 통해 좀 더 쉬운 디버깅을 제공한다. release mode는 dart2js 컴파일러를 통해 앱 사이즈와 성능을 최적화한다.

프로그래밍에서 키워드(keyword)란 특별한 의미를 지니는 단어를 뜻한다. 예약어(reserved word)라는 말도 쓰는데 키워드와 예약어는 약간 다르다. 차이를 이해하려면 식별자(indentifier)라는 용어도 알아야 한다. 하나씩 살펴보면 다음과 같다.

## 식별자

변수, 함수 등의 이름(=변수명, 함수명)이다. 이름을 지정해야 식별이 가능하기 때문이다.

**ex)**
```
int a; // 식별자는 a
void foo(); // 식별자는 foo
```

다트에는 내장 식별자(built-in identifier)가 존재한다. 내장 식별자는 클래스명, 타입명, import 시 prefix 로 사용할 수 없다. 간단한 예제를 통해 확인해보자.

먼저 다트의 내장 식별자 종류는 다음과 같다.

| 내장 식별자 (built-in identifier) | | | |
|---|---|---|---|
| abstract | implements | as | import |
| convariant | interface | deferred | library |
| dynamic | mixin | export | operator |
| external | part | factory | set |
| Function | static | get | typedef |

예제 2.1에서 사용했던 import 시 prefix를 내장 식별자 중에 한 가지로 바꿔보자. 이 책에서는 set을 선택 했다.

예제 2.3 내장 식별자 set을 prefix로 사용

```
import 'package:dartEx01/dartEx01.dart' as set;

// Define a function.
add(int a, int b) {
    return a + b;
}
```

```
main() {
    var numberA = 10;
    var numberB = 25;
    var result = add(numberA, numberB);
    set.printResult(result);
}
```

빌드해보면 다음과 같은 에러가 발생한다. 실제로 사용할 수 없다는 것을 확인할 수 있다.

```
bin/main.dart:1:44: Error: Can't use 'set' as a name here.
import 'package:dartEx01/dartEx01.dart' as set;
```

그러면 클래스명, 타입명, import 시 prefix가 아니라면 사용할 수 있을까? 그렇다. prefix를 원래대로 돌려놓고 add() 함수를 set()으로 함수명을 바꾸고 빌드하면 정상적으로 동작한다.

예제 2.4 내장 식별자 set을 함수명으로 사용

```
import 'package:dartEx01/dartEx01.dart' as dartEx01;

// Define a function.
set(int a, int b) {
  return a + b;
}

main() {
  var numberA = 10;
  var numberB = 25;
  var result = set(numberA, numberB);
  dartEx01.printResult(result);
}
```

```
The number is 35.
```

# 키워드

특정 문맥에서 특별한 의미를 가지는 단어이다. 따라서 그 '특정 문맥'이 아닌 곳에서는 식별자로 사용할 수 있다. 다트에는 문맥 키워드라고 부르는 5가지 키워드가 있다.

| 문맥 키워드 (contextual keyword) | | | | |
|---|---|---|---|---|
| sync | async | hide | on | show |

키워드의 의미대로라면 특정 문맥에서는 특별한 의미, 즉 어떤 동작을 수행하는 역할을 하지만 그 외에는 함수명이건 변수명이건 간에 사용 가능해야 한다.

다트의 문맥 키워드 중 show 키워드를 사용하여 키워드로써 사용된 경우와 함수명으로 사용된 경우를 확인해보자. show 키워드의 역할은 라이브러리 import 시 라이브러리의 일부만 사용하고 싶을 때 사용할 부분을 선택하는 것이다. 예제 2.1과 예제 2.2를 다음과 같이 수정한다.

예제 2.5 키워드로 show와 함수명으로 show 사용

```dart
// main.dart
import 'package:dartEx01/dartEx01.dart' as dartEx01;
import 'package:dartEx01/dartEx01.dart' show TestA;

// Define a function.
show(int a, int b) {
    return a + b;
}

main() {
    var numberA = 10;
    var numberB = 25;
    var result = show(numberA, numberB);
    dartEx01.printResult(result);

    var test = TestA();
    test.show();
}
```

```dart
// dartEx01.dart
printResult(int number) {
    print('The number is $number.');
}

class TestA {
    show() {
        print('TestA');
    }
}

class TestB {
    show() {
        print('TestB');
    }
```

```
}
```

```
The number is 35.
TestA
```

dartEx01.dart에는 TestA, TestB 클래스가 추가되었고 각 클래스에는 show()라는 멤버 함수가 있다. 이 때 main.dart에서 show 키워드를 통해서 TestA 클래스만 사용하도록 한다. 그 후 TestA의 객체를 만들어서 show() 멤버 함수를 호출한다. 이로써 import 시에는 show 키워드를 사용하고 함수명으로는 show()를 사용했다. 정상적으로 빌드가 되고 결과도 제대로 나온다. show가 특정 부분만 import를 하라는 의미를 가지면서 함수명으로도 사용되었기 때문에 키워드의 특징을 만족했다.

참고로 만약 var test = TestB();로 수정하여 선택하지 않은 TestB 클래스를 사용하려고 한다면 다음과 같은 에러가 발생한다.

```
bin/main.dart:16:14: Error: Method not found: 'TestB'.
var test = TestB();
```

## 예약어

식별자로 사용할 수 없는 특별한 단어이다.

> asnyc*, sync*은 제너레이터 함수를 만든다는 의미이다(자세한 설명은 115쪽 참조).

다트 버전 1.0 이후에 비동기 지원에 관련한 제한된 예약어가 추가되었다. 해당 예약어는 async, async*, sync*로 표시된 비동기/동기 함수의 바디에서는 식별자로 사용할 수 없다. 대신 그 외의 경우에는 식별자로 사용할 수 있다.

비동기 관련 제한된 예약어는 await, yield 2가지이다.

| 비동기 관련 제한된 예약어 (limited reserved words related to the asynchrony support) | |
|---|---|
| await | yield |

비동기/동기 함수 바디가 아닌 곳에서는 다음 예제와 같이 식별자로 쓸 수 있다.

예제 2.6 await와 yield를 식별자로 사용

```
import 'package:dartEx01/dartEx01.dart' as dartEx01;


// Define a function.
yield(int a, int b) {
    return a + b;
```

```
}

main() {
    var await = 10;
    var numberB = 25;
    var result = yield(await, numberB);
    dartEx01.printResult(result);
}
```

```
The number is 35.
```

yield를 함수명으로 사용했고 await를 변수명으로 사용했다. 문제 없이 정상적으로 빌드되고 동작한다. 하지만 다음과 같이 test()라는 비동기 함수를 추가하고 해당 함수 바디에서 await를 변수명으로 사용하려고 하면 에러가 발생한다.

**예제 2.7 비동기 함수에서 await 사용**

```
import 'package:dartEx01/dartEx01.dart' as dartEx01;


// Define a function.
yield(int a, int b) {
    return a + b;
}


test() async {
    var await = 10;
}


main() {
    var await = 10;
    var numberB = 25;
    var result = yield(await, numberB);
    dartEx01.printResult(result);
}
```

```
bin/main.dart:9:7: Error: 'await' can't be used as an identifier in 'async', 'async*', or
'sync*' methods.
var await = 10; // Declare and initialize a variable.
```

이 외에도 많은 예약어가 있다. 다음 표의 예약어들은 식별자가 될 수 없는 '진짜 예약어'이다.

| 기타 예약어 | | |
|---|---|---|
| assert | break | case |
| catch | class | const |
| continue | default | do |
| else | enum | extends |
| false | final | finally |
| for | if | in |
| is | new | null |
| rethrow | return | super |
| switch | this | throw |
| true | try | var |
| void | while | with |

## 2.4 ▶ 주석, 변수, 상수, 타입

다트의 주석, 변수, 상수, 타입은 다른 프로그래밍 언어와 거의 유사한 형태이다. 따라서 특별히 새롭거나 어려운 내용은 없다.

## 주석(comment)

주석은 다른 언어와 큰 차이가 없다.

```
// 내용 : 한 줄 주석
/* 내용 */ : /*와 */ 사이의 모든 내용 주석
```

예제 2.8 주석 사용 예제

```
main() {
    // 한 줄만 주석


    /*
    여러 줄 주석
    var numberA = 1;
```

```
    var numberB = 2;
    */

    var numberA = 10;
    var numberB = 20;
    var result = add(numberA, numberB);
    print('The number is $result.');
}

add(int a, int b) {
    return a + b;
}
```

```
The number is 30.
```

# 타입(type)

다트에서 제공하는 내장 타입(built-in type)은 다음과 같다. num, var, dynamic을 제외하면 대부분의 언어에서 사용하는 것과 유사하다. num, var, dynamic은 변수를 소개하면서 살펴볼 것이다.

| 타입 | 비고 |
|---|---|
| num | int와 double의 supertype |
| int | 정수 |
| double | 실수 |
| string | 문자열 |
| bool | true 또는 false를 가지는 Boolean type |
| var | 타입 미지정 및 타입 변경 불가 |
| dynamic | 타입 미지정 및 타입 변경 가능 |
| list | 다트의 array는 list로 대체 |
| set | 순서가 없고 중복 없는 collection |
| map | key, value 형태를 가지는 collection |

# 변수(variable)

변수를 선언하고 초기화하는 기본 형태는 다음과 같다.

```
타입 변수명 = 초깃값;
ex) String lastName = 'Seo';
 String firstName = "Junsu";
```

다트의 변수는 참조(reference)를 저장한다. 위의 lastName 변수는 Seo이라는 값을 가진 String 객체에 대한 참조를 가지는 것이다. lastName처럼 ' '(작은따옴표)로 문자열을 묶어도 되고 firstName처럼 " "(큰따옴표)로 묶어도 된다.

var를 사용하여 타입을 지정하지 않을 수도 있다. var 타입 사용 시 초깃값을 참고하여 해당 변수의 타입을 추론한다.

```
var balance = 1000;
```

balance 변수는 1000이라는 정수형 타입을 값으로 가지고 있다. 따라서 int 타입인 것으로 추론할 수 있다. 이렇게 int 타입으로 초기화된 balance 변수는 다른 타입을 값으로 가질 수 없다.

```
balance = '천'; // error
```

앞선 경우처럼 balance 변수에 문자열을 넣으려면 어떻게 해야 할까? 바로 타입 변경이 가능한 dynamic 타입을 사용하면 된다(또는 최상위 클래스인 Object를 사용해도 된다).

```
dynamic balance = 1000;
balance = '천';
또는
Object balance = 1000;
balance = '천';
```

간단한 다음 예제를 통해서 var와 dynamic 타입의 쓰임을 살펴보자.

예제 2.9 var와 dynamic 예제

```
main() {
    var number = 10;
    Object balanceA = 1000;
    dynamic balanceB = 2000;
    print('The number is $number.');
    print('The balanceA is $balanceA.');
    print('The balanceB is $balanceB.');

    balanceA = '천';
    balanceB = false;
    print('The balanceA is $balanceA.');
    print('The balanceB is $balanceB.');
}
```

```
The number is 10.
```

```
The balanceA is 1000.
The balanceB is 2000.
The balanceA is 천.
The balanceB is false.
```

var는 가독성이 떨어지고 실수를 유발할 가능성이 높기 때문에 초보자는 가급적 명시적으로 타입을 선언하는 것이 좋다.

만약 아래 예제와 같이 초기화를 늦게 하는 경우라면 변수 선언부에서 타입이 뭔지 알 수가 없다. 또한 처음에 어떤 목적으로 선언했는지 혼란스러울 수도 있다.

예제 2.10 var 타입의 늦은 초기화

```
main() {
    var number;
    print('The number is $number.');

    number = 10;
    print('The number is $number.');
}
```

```
The number is null.
The number is 10.
```

num은 int와 double의 상위 타입이다. 따라서 num 타입은 int와 double 모두 참조할 수 있다. 그러나 int와 double은 서로 참조할 수 없다. 보통 더 큰 범위를 가지는 double에 int가 할당되는데 다트에선 안된다.

```
num a = 10;
int b = 20;
double c = 1.2;
a = b;
a = c;

b=c; // error
c=b; // error
```

# 상수

상수와 변수의 가장 큰 차이는 값의 변경 유무다. 변수는 값을 바꿀 수 있지만 상수는 값을 바꿀 수 없다.

상수는 결국 값을 바꿀 수 없는 변수이다. 변수의 값을 바꾸지 못하게 하는 방법은 두 가지다. 바로 final과 const를 사용하면 된다. 기본 형태는 다음과 같다.

### 1) final

```
final int PRICE = 1000; // 1000은 리터럴
final NAME = 'Kim'; // 타입 생략 가능
PRICE = 2000; // error
```

### 2) const

```
const int PRICE = 1000;
const NAME = 'Kim'; // 타입 생략 가능
PRICE = 2000; // error
```

다음 예제를 보면 타입 생략을 해도 정상적으로 동작하는 것을 확인할 수 있다.

예제 2.11 타입 생략 예제

```
main() {
    final int NUMBER = 1;
    const int PRICE = 1000;

    final NAME = 'Kim';
    const COLOR = 'Red';

    print('The NUMBER is $NUMBER.');
    print('The PRICE is $PRICE.');

    print('The NAME is $NAME.');
    print('The COLOR is $COLOR.');
}
```
```
The NUMBER is 1.
The PRICE is 1000.
The NAME is Kim.
The COLOR is Red.
```

그렇다면 final과 const는 무슨 차이가 있을까? final은 런타임에 상수가 되고 const는 컴파일 시점에 상수가 된다. 이러한 차이로 인해 다음과 같은 문제가 발생할 수 있다.

예제 2.12 final vs const 차이

```
main() {
    final int NUMBER = get();
    const int PRICE = get(); // error

    final NAME = 'Kim';
    const COLOR = 'Red';

    print('The NUMBER is $NUMBER.');
    print('The PRICE is $PRICE.');

    print('The NAME is $NAME.');
    print('The COLOR is $COLOR.');
}

get() {
    return 100;
}
```

```
bin/main.dart:3:21: Error: Method invocation is not a constant expression.
    const int PRICE = get();
```

final은 런타임에 상수화되기 때문에 실행하면 get() 함수에서 가져온 값으로 할당이 가능하다. 하지만 const는 이미 컴파일 시점에 상수화되었기 때문에 런타임 시 get() 함수에서 가져온 값을 할당하려고 하면 에러가 발생한다. 상수에 값을 할당하려는 것과 동일한 시도이기 때문이다.

## 2.5 함수

다트는 완전한 객체 지향 언어로 모든 것이 객체로, 함수도 객체이다.

다트의 함수는 다음과 같은 특징을 갖는다(참고로 이 특징은 다트에만 존재하는 것은 아니다).

① 변수가 함수를 참조할 수 있다.
② 함수의 인자로 함수를 전달할 수도 있다.

조금 새로울 수 있는 내용은 바로 '선택 매개변수(optional parameter)'이다. 선택 매개변수는 다시 두 가지로 나뉜다. 하나는 '이름 있는 선택 매개변수(named optional parameter)'이고 다른 하나는 '위치적 선택 매개변수(positional optional parameter)'이다. 이 개념 또한 다트에서 처음 도입된 것은 아니다. 예를 들면 코틀린에서도 같은 기능을 제공한다.

또한 다트는 익명 함수(anonymous function)와 익명 함수 사용을 돕는 람다식(lambda expression)을 지원한다.

앞에서 언급한 다트 함수의 특징을 요약하면 다음과 같다.

> 1) 변수가 함수 참조 가능
> 2) 다른 함수의 인자로 함수 전달 가능
> 3) 이름 있는 선택 매개변수
> 4) 위치적 선택 매개변수
> 5) 익명 함수 및 람다

그러면 함수의 특징에 대해서 하나씩 살펴보자.

### 1) 변수가 함수 참조 가능

변수가 함수를 참조하는 기본 형태는 다음과 같다.

---
```
타입 변수명 = 함수() { }
ex) var name = getName() { }
```
---

아래 코드에서 var 타입 name 변수는 문자열을 리턴해주는 getName() 함수를 참조한다. 그러면 name은 문자열을 값으로 가지기 때문에 String 타입이 된다. 흔히 사용하는 함수 호출의 형태이다.

예제 2.13 변수가 함수 참조
---
```
main() {
    int a = 10;
    int b = 5;
    var name = getName();

    print('Name is $name.');
    print('$a + $b = ${add(a, b)}');
    print('$a - $b = ${sub(a, b)}');
}


getName() {
```

```
        return 'Kim';
}


int add(int a, int b) {
        return a + b;
}


int sub(a, b) {
        return a - b;
}
```

```
Name is Kim.
10 + 5 = 15
10 - 5 = 5
```

또 한 가지 확인할 부분이 있다. add() 함수를 보면 매개변수 타입이 지정되어 있다. 하지만 sub() 함수에는 매개변수 타입이 지정되지 않았다. 생략 가능하다는 의미다. 하지만 가급적 명시하는 것이 좋다.

### 2) 함수의 인자로 다른 함수 전달 가능

함수의 인자로 함수를 전달하는 기본 형태는 다음과 같다.

```
함수A(함수B(), 함수C()) { }
ex) getName(getFirstName(), getLastName()) { }
```

아래 코드는 multi() 함수의 첫 번째 매개변수에 add(a, b)를 두 번째 매개변수에 sub(a, b)를 넘겨준다. 그러면 multi() 함수의 첫 번째 인자는 add(a, b) 리턴 값인 15가 되고 두 번째 인자는 sub(a, b)의 리턴 값인 5가 된다. 그리고 두 인자를 곱한 값이 multi() 함수의 리턴 값이 된다.

예제 2.14 함수의 인자로 다른 함수 전달

```
main() {
        int a = 10;
        int b = 5;

        print('${a + b} * ${a - b} = ${multi(add(a, b), sub(a, b))}');
}


int add(int a, int b) {
        return a + b;
}


int sub(int a, int b) {
```

```
    return a - b;
}

int multi(int a, int b) {
    return a * b;
}
```

15 * 5 = 75

### 3) 이름 있는 선택 매개변수

함수 호출 시 매개변수에 인자 값을 넘겨줄 때 매개변수명을 이용하여 인자 값을 넘겨줄 수 있다.

매개변수명으로 인자 값을 넘겨줄 매개변수는 { }로 감싸줘야 한다.

```
getAddress (String 매개변수명1, {String 매개변수명2, String 매개변수명3 }) { }
ex) getAddress('seoul', {매개변수명2: 'gangnam', 매개변수명3: '123'}) { }
```

아래 예제는 기본 형태에서 약간 변형을 주었다. district, zipCode를 선택 매개변수로 지정하였고 zipCode는 초깃값을 가지도록 했다.

이 상태에서 첫 번째 print() 함수처럼 zipCode에 대한 인자 값을 할당하지 않으면 초깃값을 사용한다. 두 번째 print() 함수처럼 새로운 인자 값을 넘겨주면 그 값으로 할당된다. 마지막으로 주석 처리된 세 번째 print() 함수처럼 필수 매개변수와 혼용할 때는 기본 매개변수인 city에 대한 인자 값을 누락하면 안 된다.

예제 2.15 이름 있는 선택 매개변수

```
main() {
    print('${getAddress('서울', district: '강남')}');
    print('${getAddress('서울', district: '강남', zipCode: '012345')}');
//    print('${getAddress(district: '강남', zipCode: '012345')}'); error
}

String getAddress(String city, {String district, String zipCode = '111222'}) {
    return '$city시 $district구 $zipCode';
}
```

서울시 강남구 111222
서울시 강남구 012345

### 4) 위치적 선택 매개변수

앞서 봤던 이름 있는 선택 매개변수와 비슷한 개념이다. 위치적 선택 매개변수는 미리 초깃값을 지정해놓고 함수 호출 시 해당 매개변수에 인자 값을 넘겨주지 않으면 초깃값을 사용하는 것이다.

선언 방법은 선택 매개변수 지정을 { } 대신에 [ ]로 하는 것이 차이점이다.

```
함수(매개변수, [매개변수 = 초깃값, 매개변수 = 초깃값]) { }
ex) getAddress(city, [district = '강남', zipCode = '111222']) { }
```

초깃값을 변경하고 싶으면 새로운 인자 값을 넘겨주면 된다. 주의할 점은 이름 있는 선택 매개변수와 마찬가지로 필수 매개변수는 꼭 인자 값을 줘야 하고 매개변수 위치를 꼭 고려해야 한다. 예를 들면 getAddress('서울', '012345')와 같이 호출하면 district와 zipCode가 변경되는 것이 아니라 city와 district가 변경된다.

예제 2.16 위치적 선택 매개변수

```
main() {
  print('${getAddress('서울')}');
  print('${getAddress('서울', '서초')}');
}

String getAddress(String city, [String district = '강남', String zipCode = '111222']) {
  return '$city시 $district구 $zipCode';
}
```

```
서울시 강남구 111222
서울시 서초구 111222
```

## 5) 익명 함수 및 람다식

다트 공식문서에서는 익명 함수를 람다 또는 클로저(closure)라고도 부른다.

익명 함수의 기본 형태는 다음과 같다.

```
(매개변수명) { 표현식; };
ex) (a, b) { a + b; };
```

람다식의 기본 형태는 다음과 같다.

```
(매개변수명) => 표현식;
ex) (a, b) => a - b;
```

익명 함수와 람다식의 차이점을 보면 결국 { };를 =>로 변경한 것 밖에 없다. 실제로 어떻게 쓰이는지는 다음 예제를 참고하면 된다.

예제 2.17 익명 함수 및 람다식

```dart
main() {
    int a = 10;
    int b = 5;

    print('$a + $b = ${add(a, b)}');
    print('$a * $b = ${multi(a, b)}');
    print('$a - $b = ${sub(a, b)}');
}

int add(int a, int b) {
    return a + b;
}

// anonymous function
var multi = (_a, _b) {
    return _a * _b;
};

//lambda
//int sub(int _a, int _b) => _a - _b;
sub(_a, _b) => _a - _b;
```

```
10 + 5 = 15
10 * 5 = 50
10 - 5 = 5
```

## 2.6 ▶ 연산자

다트는 다수의 전통적인 프로그래밍 언어에서 사용하는 기본 연산자를 동일하게 제공한다. 추가적으로 모던 언어에서 차용한 연산자도 제공하고 있다. 지금까지 살펴본 내용 중 타입 추론이나 변수, 함수의 특징을 통해서 눈치챘을지도 모르겠지만 다트도 모던 언어 중 하나이다.

연산자 종류는 다음과 같다.

(산술, 할당, 관계, 논리, 비트, 시프트, 타입 검사) 연산자, 조건 표현식, 캐스케이드 표기법

다트로 프로그래밍 언어를 입문하는 사람은 거의 드물 것이라고 생각한다. 또한 여기서 다루는 내용은 플러터를 시작하기 위한 다트 프로그래밍의 기본이다. 따라서 기본적인 연산자에 대해서는 간략히 설명한다.

## 1. 산술 연산자

거의 모든 프로그래밍에서 제공하는 기본적인 연산자이다. 말 그대로 산술을 하는 연산자이다.

종류는 다음과 같다.

> +, -, *, /, ~/, %, ++, --

~/는 생소한 연산자이다. 이 연산자는 정수를 결괏값으로 가진다. 나눗셈에서 % 연산자는 나머지를 구하고 ~/ 연산자는 몫을 구한다.

다음 예제처럼 11/5의 결과는 2.2이다. 이때 몫은 2이고 나머지는 1이다.

예제 2.18 몫과 나머지를 구하는 예제

```dart
double divide(_a, _b) {
    return _a / _b;
}


int divideQuotient(_a, _b) {
    return _a ~/ _b;
}


int divideModulo(_a, _b) {
    return _a % _b;
}


main() {
    int a = 11;
    int b = 5;

    print('$a / $b = ${divide(a, b)}');
    print('$a ~/ $b = ${divideQuotient(a, b)}');
    print('$a % $b = ${divideModulo(a, b)}');
}
```

```
11 / 5 = 2.2
11 ~/ 5 = 2
11 % 5 = 1
```

## 2. 할당 연산자

할당 연산자의 종류는 다음과 같다. 특별할 것이 없고 흔히 아는 사칙연산과 같다.

    =, +=, -=, *=, /=, ~/=

+=는 좌항 자신의 값에 우항의 값을 더한다는 의미이다. 예를 들어 a += 1 은 a = a + 1 과 동일하다.

나머지 사칙연산자에도 동일하게 적용된다.

예제 2.19 할당 연산자 += 예제

```
main() {
    int a = 10;
    int b = 10;
    a = a + 5;
    b += 5;

    print('a = $a');
    print('b = $b');
}
```

```
a = 15
b = 15
```

## 3. 관계 연산자 (비교 연산자)

관계 연산자는 비교 연산자라고도 하며 조건문에서 사용한다. 조건문은 아직 다루지 않았지만 다른 언어와 크게 다를 게 없다. 종류는 다음과 같다.

    ==, ~=, >, <, >=, <=

a == b는 a와 b가 같은지 확인하는 것이다. 같다면 참(true)이다. 아래 예제는 다르기 a와 b가 때문에 거짓(false)이므로 else 문으로 분기되어 a != b가 출력된다. a != b는 a와 b가 다르면 참이다.

예제 2.20 관계 연산자 == 예제

```
main() {
    int a = 10;
    int b = 20;

    if (a == b) {
```

```
        print('a == b');
    } else {
        print('a != b');
    }
}
```

```
a != b
```

## 4. 비트 & 시프트 연산자

비트 연산자는 일반적인 모바일 앱 개발을 할 때는 자주 사용할 일이 없다. 특정 로직을 수행할 때 더 빠른 속도를 낼 수 있으며 로우 레벨에서 레지스트리를 다룰 때 유용하다.

```
&, |, ^, ~, <<, >>
```

&, |, ^, ~는 각각 AND, OR, XOR, NOT를 의미한다. 해당 논리 게이트의 진리표는 생략한다.

다음 예제는 비트 시프트와 AND 게이트를 다룬다. a는 3이므로 이진수로 0011이다. 이것을 왼쪽으로 1칸 비트 시프트를 하면 0110이 된다. 따라서 십진수로 6이 된다. 반대로 0011에서 오른쪽으로 1칸 시프트를 하면 0001이 되어 1이 출력된다. &(AND) 연산은 두 게이트가 1일 때만 1이다. 0011과 0001에서는 마지막 비트만 동일하여 0001이 된다.

예제 2.21 비트 시프트와 AND 예제

```
main() {
    int a = 0x03; // 0011
    int b = 0x01; // 0001

    print('a = $a'); // 0011
    print('a << 1 = ${a << 1}'); // 0110
    print('a >> 1 = ${a >> 1}'); // 0001

    print('a & b = ${a & b}'); // 0011 & 0001 = 0001
}
```

```
a = 3
a << 1 = 6
a >> 1 = 1
a & b = 1
```

## 5. 타입 검사 연산자

타입 검사 연산자는 다음 3종류가 있다.

- **as**: 형 변환
- **is**: 객체가 특정 타입이면 true
- **is!**: 객체가 특정 타입이면 false (=특정 타입이 아니면 true)

as는 다른 타입으로 변환은 되지 않고 상위 타입으로 변환할 수 있다.

is는 특정 객체가 특정 타입이면 true이다.

is!는 특정 타입이면 false, 즉 특정 타입이 아니면 true이다.

다음 예제는 Person 클래스를 상속한 Employee 클래스와 Student 클래스를 통해 형 변환 및 타입 검사를 하는 예제이다.

예제 2.22 타입 검사 연산자 예제

```
main() {
    Employee employee = Employee();
    Student student = Student();

    Person person1 = employee as Person;
    Person person2 = student as Person;
//    Person person = employee; as Person 생략 가능

    print('person1.name = ${person1.name}');
    print('person2.name = ${person2.name}');

    print('(employee as Person).name = ${(employee as Person).name}');
//    print('(employee as Person).name = ${(employee as Student).name}'); // error

    if (employee is Employee) {
        print('employee is Employee');
    } else {
        print('employee is not Employee');
    }

    if (employee is Student) {
        print('employee is Student');
    } else {
        print('employee is not Student');
    }
```

```
}

class Person {
    var name = 'person';
}

class Employee extends Person {
    var name = 'employee';
}

class Student extends Person {
    var name = 'student';
}
```

```
person1.name = employee
person2.name = student
(employee as Person).name = employee
employee is Employee
employee is not Student
```

예제 2.22에서 만약 다음과 같은 조건문이 있다면 결과는 무엇일까?

```
if (employee is Person) {
    print('employee is Person');
} else {
    print('employee is not Person');
}
```

employee 객체는 상위 타입인 Person에도 속하기 때문에 true가 된다. 따라서 employee is Person이 출력된다.

## 6. 조건 표현식

조건표현식은 크게 3가지가 있다. 먼저 삼항 연산자로 익히 알고 있는 형태가 있다.

> 조건 ? 표현식1 : 표현식2;
> **ex)** (a>0) ? '양수' : '음수';

if문으로 구현하면 다음과 같은 형태다.

```
if (a>0) {
return '양수';
} else {
```

```
return '음수';
}
```

다음은 null 체크를 편하게 해주는 조건적 멤버 접근(Conditional member access) 연산자이다. 이 연산자는 좌항이 null이면 null을 리턴하고 아니면 우항의 값을 리턴한다.

**TIP** ▶ 코틀린의 안전 호출 연산자와 형태와 의미가 동일하다.

```
좌항?.우항
ex) employee?.name
```

if문으로 구현하면 다음과 같은 형태다.

```
if (employee == null) {
return null;
} else {
return employee.name;
}
```

마지막으로 조건적 멤버 접근 연산자보다 좀 더 훌륭한 ?? 연산자가 있다. 이 연산자는 null 체크뿐만 아니라 null일 경우에 대한 처리까지 가능하다. 좌항이 null이 아니면 좌항 값을 리턴하고 null이면 우항 값을 리턴한다.

```
좌항 ?? 우항
ex) employee.name ?? 'new name'
```

**TIP** ▶ 다트의 ?? 연산자는 코틀린의 ?:(앨비스 연산자)와 같은 역할이다.

if문으로 치면 다음과 같은 형태다.

```
if (employee.name != null) {
return employee.name;
} else {
return 'new name';
}
```

if문의 형태로 보면 이해가 쉽다. 다음 예제도 if문으로 생각해서 결과와 비교해보면 조건 표현식에 익숙해지는 데 도움이 될 것이다.

```
main() {
    var employee;
    print('employee.name = ${(employee == null) ? null : employee.name}');
    print('employee.name = ${employee?.name}');

    employee = Employee();
    print('employee.name = ${(employee == null) ? null : employee.name}');
    print('employee.name = ${employee?.name}');

    print('employee.name = ${employee.name ?? 'assign employee name'}');

    employee.name = null;
    print('employee.name = ${employee.name ?? 'assign employee name'}');
}

class Employee {
    var name = 'employee';
}
```

```
employee.name = null
employee.name = null
employee.name = employee
employee.name = employee
employee.name = employee
employee.name = assign employee name
```

## 7. 캐스케이드 표기법

캐스케이드 표기법(..)은 한 객체로 해당 객체의 속성이나 멤버 함수를 연속으로 호출할 때 유용하다. 매번 객체를 표기하고 호출하는 불필요한 과정을 줄여주기 때문이다.

**ex)**
```
Employee employee = Employee()
..name = 'Kim'
..setAge(25)
..showInfo();
```

다음 예제를 보면 employee 객체를 생성한 후 캐스케이드 표기법을 이용하여 해당 객체의 name, setAge(), showInfo()에 연속적으로 접근하고 있다.

예제 2.24 캐스케이드 예제

```
main() {
    Employee employee = Employee()
        ..name = 'Kim'
        ..setAge(25)
        ..showInfo();

    employee.name = 'Park'; ①
    employee.setAge(30); ②
    employee.showInfo(); ③
}

class Employee {
    var name = 'employee';
    int age;

    setAge(int age) {
        this.age = age;
    }

    showInfo() {
        print('$name is $age');
    }
}
```

```
Kim is 25
Park is 30
```

만약 캐스케이드 표기법을 사용하지 않는다면 ①~③과 같이 객체를 매번 표기하여 호출해야 한다.

## 2.7 ▶ 조건문

다트는 익숙한 형태의 조건문을 지원한다. assert문이 다소 생소할 수 있으나 이 역시 C언어나 자바에서 이미 제공하고 있는 기능이다. assert문까지 이미 알고 있다면 이 부분은 넘어가도 된다.

조건문의 종류는 다음과 같다.

> if, if~else, switch, assert

다른 프로그래밍 언어 경험자라면 별도 학습이 불필요할 정도로 똑같다. 한 가지 언어를 배우고 나면 다른 언어를 배울 때 다소 수월한 이유 중 하나이기도 하다.

### 1) if, if~else

if의 조건이 참이면 { } 내부를 실행한다. 만약 if~else문이라면 if의 조건이 거짓일 때 else의 { } 내부를 실행한다. 기본 형태와 사용 예제는 다음과 같다.

```
if (조건) {
실행문;
}

if (조건) {
 실행문
} else {
실행문;
}

ex)
if(a==1) {
 print('a is 1');
} else {
print('a is not 1');
}
```

### 2) switch

switch() 매개변수에 전달된 값이 case 값과 일치하면 해당 case 내부를 실행한다. break가 없으면 이어서 다음 case까지 실행하게 되므로 case 구분이 필요할 때는 반드시 break를 선언해야 한다. 모든 case에 만족하지 않으면 default 내부를 실행한다. 기본 형태와 사용 예제는 다음과 같다.

```
switch(변수) {
case 값1:
실행문;
break;

case 값2:
실행문;
break;

default:
실행문;
```

```
}

ex)
var number = 1;

switch(number) {
case 1:
print('number is 1');
break;

case 2:
print('number is 2');
break;
default:
print('number is not 1 or 2');
}
```

## 3) assert

assert는 조건식이 거짓이면 에러가 발생한다. 기본 형태는 다음과 같다.

```
assert(조건식);
ex) assert(a>0);
```

assert는 debug mode에서만 동작한다. 따라서 아래의 예제 실행했을 때 에러가 발생하지 않는다면 현재 모드가 release mode(production mode)라는 것이다.

예제 2.25 assert 예제

```
main() {
    int a = 10;
    int b = 20;

    if (a < b) {
        print('$a < $b');
    } else {
        print('$a >= $b');
    }

    assert(a > b);

    var port = [22, 25, 53];
    switch (port[0]) {
```

```
        case 22:
            print('SSH : 22');
            break;
        case 25:
            print('SMTP : 25');
            break;
        case 53:
            print('DNS : 53');
            break;
    }
}
```

```
10 < 20
SSH : 22
```

안드로이드 스튜디오는 기본 설정이 debug mode이기 때문에 아래와 같이 에러가 발생하는 것을 확인할 수 있다.

```
10 < 20
Unhandled exception:
'package:flutter_app/hello_dart.dart': Failed assertion: line 11 pos 10: 'a > b': is not
true.
#0      _AssertionError._doThrowNew (dart:core-patch/errors_patch.dart:42:39)
#1      _AssertionError._throwNew (dart:core-patch/errors_patch.dart:38:5)
#2      main (package:flutter_app/hello_dart.dart:11:10)
#3      _startIsolate.<anonymous closure> (dart:isolate-patch/isolate_patch.dart:307:19)
#4      _RawReceivePortImpl._handleMessage (dart:isolate-patch/isolate_patch.dart:174:12)
```

## 2.8 반복문

반복문의 종류는 다음과 같다. 사용법과 형태가 다른 언어와 동일하다.

```
for, while, do~while
```

### 1) for

for문은 반복문의 가장 기본이다. 반복 횟수를 지정해주기 쉽고 증감식을 통해서 리스트 형태의 데이터에 좀 더 유연하게 접근할 수도 있다. 조건식은 보통 인덱스의 범위를 지정하는 용도로 사용한다. 증감식은 인덱스의 값을 증가, 감소할 수 있다. i +=2와 같은 형태로 2씩 증가도 가능하다.

```
for (초기화; 조건식; 증감식) {
실행문;
}
```

```
ex)
for (int i = 1; i < 5; i++) {
print('i = $i');
}
```

## 2) while

while문은 조건식이 참이면 내부를 순환하는 구조이다. 즉, 조건식이 거짓일 때까지 반복한다. switch문처럼 break를 지원하기 때문에 특정 조건에서 멈추고 싶다면 break를 사용하면 된다. 특정 조건에서 더이상 다음 내용을 실행하지 않고 다시 조건식을 반복하려면 continue를 사용하면 된다. 무한 반복하려면 조건식에 true를 쓰면 된다.

```
while(조건식) {
 실행문;
}
```

```
ex)
int a = 0;

while(a < 5) {
 print('hello');
 a++;
}
```

## 3) do~while

do~while문은 while문과 딱 하나의 차이가 있다. while문은 조건식을 확인하고 참일 때 실행을 하기 때문에 처음 조건식 확인 시 거짓이면 한 번의 실행도 없이 끝난다. 하지만 do~while은 일단 한 번 실행한다(do). 그 후에 while의 조건식을 보고 참이면 다시 반복하고 거짓이면 끝낸다.

```
do {
 실행문;
} while (조건식);
```

```
ex)
```

```
int a = 0;

do {
 print('hello');
} while (a > 0);
```

기본적인 반복문 예제와 실행결과는 다음과 같다.

### 예제 2.26 반복문 예제

```
main() {
    var numbers = {};
    for (int i = 0; i < 5; i++) {
        numbers[i] = i;
        print('[for] numbers[$i] = ${numbers[i]}');
    }


    int i = 0;
    while (i < 5) {
        print('[while] numbers[$i] = ${numbers[i]}');
        i++;
    }

    i = 0;
    do {
        print('[do-while] numbers[$i] = ${numbers[i]}');
        i++;
    } while (i < 5);
}
```

```
[for] numbers[0] = 0
[for] numbers[1] = 1
[for] numbers[2] = 2
[for] numbers[3] = 3
[for] numbers[4] = 4
[while] numbers[0] = 0
[while] numbers[1] = 1
[while] numbers[2] = 2
[while] numbers[3] = 3
[while] numbers[4] = 4
[do-while] numbers[0] = 0
[do-while] numbers[1] = 1
```

```
[do-while] numbers[2] = 2
[do-while] numbers[3] = 3
[do-while] numbers[4] = 4
```

## 2.9 클래스

객체 지향 프로그래밍을 공부하다 클래스를 만나면 연관되어 배워야 할 것들이 많다. 예를 들면 객체, 멤버, 인스턴스, 생성자, 상속, 접근 지정자, 추상 클래스 등이다. 여기서는 먼저 클래스의 기본적인 형태에 대해서 알아본다.

다트는 모든 것이 객체인 완전 객체 지향 언어이다. 모든 객체는 클래스의 인스턴스이다. 그리고 모든 클래스는 Object 클래스의 자식이다.

### 1) 객체, 멤버, 인스턴스

클래스는 멤버를 가진다. 멤버는 멤버 함수(메서드)와 멤버 변수(인스턴스 변수)로 구성된다. 클래스를 사용하려면 객체를 생성해야 한다. 객체를 생성한다는 것은 클래스가 메모리에 올라간다는 의미이고 이 것을 인스턴스화라고 부른다. 이렇게 메모리에 클래스가 할당되어 인스턴스가 된 것을 객체라고 한다.

> **TIP** ▶ 클래스 외부에서 하나의 기능을 하는 함수는 Function이고 클래스 내부에 있는 멤버 함수는 Method라고 한다. 또한 멤버 변수는 객체가 생성되면 인스턴스 변수라고 한다.

### 2) 클래스 기본

클래스의 기본 형태는 다음과 같다.

```
class 클래스명 {
멤버 변수
멤버 함수
}

ex)
class Person {
    String name;
    getName() {
        return name;
    }
}
```

클래스를 사용하기 위해서는 객체를 생성해야 한다. C++이나 자바에서는 객체 생성 시 new 키워드를 사용한다. 하지만 플러터는 기본적으로 생략한다. 사용하고 싶으면 사용할 수도 있다.

아래 예제를 보면 Person 객체를 2개 만들고 있다. 이때 student, teacher와 같은 변수를 참조형 변수라고 한다. ①을 보면 teacher는 객체 생성 시 new 키워드를 사용하지 않았다.

예제 2.27 객체 생성

```
main() {
    var student = new Person();
    var teacher = Person();  ①
    student.name = 'Kim';  ②
    teacher.name = 'Park';
    print('student name = ${student.getName()}');
    print('student name = ${teacher.getName()}');
}


class Person {
    String name;
    int age;

    getName() {
        return name;
    }
}
```

```
student name = Kim
student name = Park
```

각 객체의 멤버에 접근을 하는 방법은 (참조형 변수.멤버) 이다. 실제 사용법을 보면 ②에서 Person 객체의 멤버 변수인 name에 값을 할당하기 위해서 student.name = 'Kim'이라고 선언한 것을 볼 수 있다. 메서드에 접근하는 방법도 당연히 동일하다.

다트에서 모든 것은 객체라고 했다. String 타입도 객체이다. String이 객체라는 것은 String 클래스가 존재한다는 의미이다. 실제로 string.dart 라는 파일이 dart-sdk에 존재한다.

String은 타입으로 사용한다. 따라서 Person 클래스와 같이 개발자가 추가한 클래스도 하나의 커스텀 타입이라고 할 수 있다. 다음과 같이 타입처럼 사용할 수 있다.

예제 2.28 커스텀 타입 예제

```
main() {
    Person person = Person();
    person.name = 'Hong';
    print('person name = ${person.getName()}');
}


class Person {
    String name;
    int age;

    getName() {
        return name;
    }
}
```

person name = Hong

var 대신에 Person을 사용했다. 사실 이전 예제에서 var teacher도 생각해보면 타입이 var이니까 추후 지정되는 타입이 Person인 것이다.

## 2.10 생성자

클래스에는 생성자가 따른다. 생성자는 이름처럼 클래스가 인스턴스화 될 때, 즉 객체가 생성될 때 호출된다.

클래스를 공부하면 필연적으로 마주치는 것이 생성자이다. 생성자에서 만나게 될 개념들은 다음과 같다. 하나씩 살펴보자.

1) 기본 생성자(Default constructor)
2) 이름 있는 생성자(Named constructor)
3) 초기화 리스트(Initializer list)
4) 리다이렉팅 생성자(Redirecting constructor)
5) 상수 생성자(Constant constructor)
6) 팩토리 생성자(Factory constructor)

## 1) 기본 생성자

클래스를 구현할 때 생성자를 생략하면 기본 생성자가 자동으로 제공된다. 기본 생성자는 클래스명과 동일하면서 인자가 없다. 또한 기본 생성자는 부모 클래스의 인수가 없는 생성자(=기본 생성자)를 호출한다.

기본 생성자의 형태는 다음과 같다.

```
class 클래스명 {
    클래스명() {
    }
}


ex)
class Person {
    Person() {
    }
}
```

다음 예제는 간단한 상속을 포함하고 있다. 상속에 대해서 다루기 전이라 간단히 설명하면 부모 클래스가 자식 클래스에게 멤버를 물려주는(=상속하는) 관계를 말한다. Person 클래스가 부모 클래스이고 Student 클래스가 자식 클래스이다. extends 키워드가 어떤 클래스로부터 상속받을지 지정하는 역할을 한다.

예제 2.29 간단한 상속과 기본 생성자

```
main() {
    var student = Student();
}


class Person {
    Person() {
        print('This is Person constructor!');
    }
}


class Student extends Person {}
```

```
This is Person constructor!
```

예제 2.28를 보면 Student 클래스에는 생성자가 없다. 따라서 자동으로 기본 생성자가 제공된다. 이때 기본 생성자는 부모 클래스의 기본 생성자를 호출한다. 실행 결과를 보면 부모 클래스인 Person 클래스의 기본 생성자가 호출되어 'This is Person constructor!'가 호출된 것을 확인할 수 있다.

기본 생성자의 동작 방식을 도식화하면 다음과 같다.

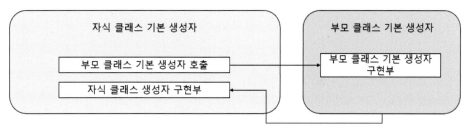

그림 2.5 기본 생성자 호출 순서

그림 2.5처럼 Student 클래스의 기본 생성자가 호출된 후 부모 클래스의 기본 생성자를 호출하는 동작을 확인하고 싶다면 다음과 같이 Student 클래스에 기본 생성자를 생성하면 된다.

예제 2.30 기본 생성자 호출 확인

```
main() {
    var student = Student();
}


class Person {
    String name;

    Person() {
        print('This is Person Constructor!');
    }
}

class Student extends Person {
    Student() {
        print('This is Student Constructor!');
    }
}
```
This is Person Constructor!
This is Student Constructor!

실행 결과를 보면 부모 클래스(Person)의 기본 생성자가 호출된 후 자식 클래스(Student)의 기본 생성자가 호출된 것을 알 수 있다.

자식 클래스는 부모 클래스의 생성자를 상속받지 않는다. 앞서 말한 것처럼 자식 클래스에서 아무 생성자도 선언하지 않으면 기본 생성자만 갖는다.

### 2) 이름 있는 생성자

이름 있는 생성자는 말 그대로 생성자에 이름을 부여한 형태이다. 한 클래스 내에 많은 생성자를 생성하거나 생성자를 명확히 하기 위해서 사용할 수 있다.

```
class 클래스명 {
    클래스명.생성자명() {
    }
}


ex)
class Person {
    Person.init() {
    }
}
```

사용 방법은 객체 생성 시 이름 있는 생성자로 생성하면 된다. 다음 예제를 보면 Person.init()이라는 생성자를 선언하였고 init 객체가 Person.init() 생성자를 통해 생성되었다.

예제 2.31 이름 있는 생성자 기본 예제

```
main() {
    var person = Person();
    var init = Person.init();
}


class Person {
    Person() {
        print('This is Person Constructor!');
    }

    Person.init() {
        print('This is Person.init Constructor!');
    }
}


class Student extends Person {
```

```
    Student() {
        print('This is Student Constructor!');
    }
}
```

```
This is Person Constructor!
This is Person.init Constructor!
```

**TIP** 이름 없는 생성자는 단 하나만 가질 수 있다. 또한 이름 있는 생성자를 선언하면 기본 생성자는 생략할 수 없다.

## Case 1) 이름 없는 생성자를 2개 선언했을 경우: 중복 선언 에러 발생

예제 2.32 이름 없는 생성자 2개 선언 시 에러

```
main() {
    var person = Person();
}

class Person {
    String name;
    int age;

    Person() {
        print('This is Person Constructor!');
    }

    Person(String name) {
        print('This is Person($name) Constructor!');
    }
}
```

```
bin/main.dart:13:3: Error: 'Person' is already declared in this scope.
    Person(String name) {
    ^^^^^^
bin/main.dart:9:3: Context: Previous declaration of 'Person'.
    Person() {
    ^^^^^^
bin/main.dart:2:16: Error: Can't use 'Person' because it is declared more than once.
    var person = Person();
```

다음과 같이 하나를 이름 있는 생성자로 변경해야 된다.

예제 2.33 이름 없는 생성자를 1개로 수정

```
main() {
    var person = Person();
    var kim = Person.init('Kim');
}

class Person {
    String name;
    int age;

    Person() {
        print('This is Person Constructor!');
    }

    Person.init(String name) {
        print('This is Person($name) Constructor!');
    }
}
```

```
This is Person Constructor!
This is Person(Kim) Constructor!
```

## Case 2) 이름 있는 생성자 선언했을 경우 기본 생성자 생략 불가능

이름 있는 생성자를 선언하면 기본 생성자는 생략되지 않는다. 그런데 다음 예제를 보면 기본 생성자가 없다. 생략된 것일까?

예제 2.34 기본 생성자가 없는 경우

```
main() {
    var kim = Person.init('Kim');
}

class Person {
    String name;
    int age;

    Person.init(String name) {
        print('This is Person($name) Constructor!');
    }
}
```

```
This is Person(Kim) Constructor!
```

예제 2.34는 에러없이 동작한다. 마치 기본 생성자가 생략된 것처럼 보이지만 그렇지 않다. 확인을 위해 기본 생성자로 객체를 만들어보자. 그러면 에러가 발생한다. 생략 가능하다는 말의 진정한 의미는 선언하지 않아도 자동으로 있는 것처럼 동작을 해야 한다.

**예제 2.35 기본 생성자로 객체 생성 시 에러**

```dart
main() {
    var person = Person();
    var kim = Person.init('Kim');
}

class Person {
    String name;
    int age;

    Person.init(String name) {
        print('This is Person($name) Constructor!');
    }
}
```

```
bin/main.dart:2:16: Error: Method not found: 'Person'.
    var person = Person();
```

기본 생성자를 명시적으로 선언하면 잘된다.

**예제 2.36 기본 생성자 명시 후 객체 생성**

```dart
main() {
    var person = Person();
    var kim = Person.init('Kim');
}

class Person {
    String name;
    int age;

    Person() {
        print('This is Person() Constructor!');
    }
```

```
    Person.init(String name) {
        print('This is Person($name) Constructor!');
    }
}
```

```
This is Person() Constructor!
This is Person(Kim) Constructor!
```

### 3) 초기화 리스트

초기화 리스트를 사용하면 생성자의 구현부가 실행되기 전에 인스턴스 변수를 초기화할 수 있다. 초기화 리스트는 생성자 옆에 :(콜론)으로 선언할 수 있다.

```
생성자 : 초기화 리스트 {
}
```

```
ex)
Person() : name = 'Kim' {
}
```

다음 예제를 보면 Person 클래스에서 name은 초기화된 적이 없다. 하지만 person 객체를 만들면서 생성자 호출 시 초기화 리스트에서 Kim으로 초기화했다. 따라서 생성자의 구현부에 진입 전 name이 초기화된 상태이기 때문에 출력 시 Kim이 출력되는 것이다.

예제 2.37 초기화 리스트 사용하기

```
main() {
    var person = Person();
}
```

```
class Person {
    String name;

    Person() : name = 'Kim' {
        print('This is Person($name) Constructor!');
    }
}
```

```
This is Person(Kim) Constructor!
```

## 4) 리다이렉팅 생성자

초기화 리스트를 약간 응용하면 단순히 리다이렉팅을 위한 생성자를 만들 수 있다. 이러한 생성자는 본체가 비어 있고 메인 생성자에게 위임(delegate)하는 역할을 한다.

다음 예제를 보면 이름 있는 생성자인 Person.initName(String name)은 본체가 없고 초기화 리스트에 this(name, 20)이라고 되어 있다.

예제 2.38 리다이렉팅 생성자 사용하기

```
main() {
    var person = Person.initName('Kim');
}

class Person {
    String name;
    int age;

    Person(this.name, this.age) {
        print('This is Person($name, $age) Constructor!');
    }

    Person.initName(String name) : this(name, 20);
}
```

```
This is Person(Kim, 20) Constructor!
```

this는 현재 인스턴스를 가리키는데 여기서 this(name, 20)는 현재 인스턴스의 생성자인 Person(this. name, this.age)이 된다. 따라서 Person.initName('Kim') 호출 시 Person(this.name, this.age)의 인자로 Person.initName('Kim')에서 받은 Kim과 20이 할당된다(Person()의 인자에서 쓰인 this.name은 현재 인스턴스의 name을 의미한다).

## 5) 상수 생성자

상수 생성자는 말 그대로 생성자를 상수처럼 만들어 준다. 이 말은 해당 클래스가 상수처럼 변하지 않는 객체를 생성한다는 것이다. 상수 생성자를 만들기 위해서는 인스턴스 변수가 모두 final이어야 한다. 또한 생성자는 const 키워드가 붙어야 한다.

다음 예제를 보면 Person 클래스 내에 인스턴스 변수에 final 키워드가 선언되어 있다. 또한 Person() 생성자는 const 키워드가 붙어 있다. 상수 생성자를 만들기 위한 조건을 모두 갖춘 것이다.

```
main() {
    Person person1 = const Person('Kim', 20);
    Person person2 = const Person('Kim', 20);
    Person person3 = new Person('Kim', 20);
    Person person4 = new Person('Kim', 20);

    print(identical(person1, person2));
    print(identical(person2, person3));
    print(identical(person3, person4));
}

class Person {
    final String name;
    final num age;

    const Person(this.name, this.age);
}
```

```
true
false
false
```

print()에서 사용된 identical()은 같은 인스턴스인지 비교해준다. person1과 person2는 상수 생성자를 참조하고 있다. 따라서 동일한 인스턴스를 참조하고 있기 때문에 true가 된다. 그러나 person3과 person4는 각각 새로운 인스턴스를 생성했기 때문에 동일한 인스턴스를 가지지 않는다.

그림으로 표현하면 다음과 같다.

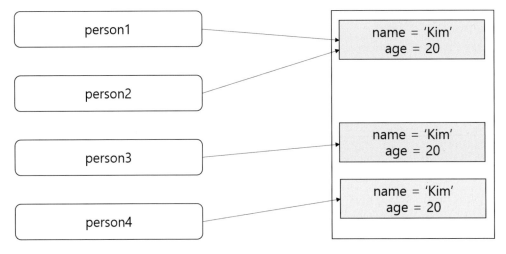

그림 2.6 상수 생성자를 참조하는 인스턴스와 일반적인 인스턴스

## 6) 팩토리 생성자

팩토리 생성자는 팩토리 패턴을 사용하기 편리하다. 팩토리 패턴을 사용하면 해당 클래스의 인스턴스를 매번 생성하지 않아도 된다. 보통 자식 클래스의 인스턴스를 리턴 받는다.

예제 2.40 팩토리 생성자 사용하기

```
main() {
    Person student = Person('Student');
    Person employee = Person('Employee');

    print('type = ${student.getType()}');
    print('type = ${employee.getType()}');
}

class Person {
    Person.init();

    factory Person(String type) {
        switch (type) {
            case 'Student':
                return Student(); ①
            case 'Employee':
                return Employee(); ②
        }
    }

    String getType() {
        return 'Person';
    }
}

class Student extends Person {
    Student() : super.init();

    @override
    String getType() {
        return 'Student';
    }
}

class Employee extends Person {
```

```
    Employee() : super.init();

    @override
    String getType() {
        return 'Employee';
    }
}
```

```
type = Student
type = Employee
```

팩토리 패턴의 개념을 알아야 팩토리 생성자를 이해할 수 있다. 예제 2.40의 ①과 ②처럼 Person 클래스 자신의 인스턴스를 생성하는 대신 자식 클래스인 Student 클래스 또는 Employee 클래스의 인스턴스를 리턴 받는다. 인스턴스 생성을 자식 클래스에게 위임한 것이다. 이러한 팩토리 패턴을 사용할 때 유용하도록 다트가 자체적으로 제공하는 것이 팩토리 생성자이다.

## 2.11 상속

상속은 객체지향 프로그래밍의 꽃이라고 할 수 있다. 사실 바로 이전에 살펴본 팩토리 생성자에서 상속을 사용했다. 객체지향 프로그래밍에서 상속은 클래스의 멤버를 물려주는 것을 의미한다. 이때 물려주는 쪽을 부모 클래스(혹은 Super class)라고 하고 상속을 받는 쪽을 자식 클래스(혹은 Sub class)라고 한다.

기본 형태는 다음과 같다.

```
class 부모 클래스명 {
    멤버 변수;
    멤버 함수() {
    }
}
class 자식 클래스명 extends 부모 클래스명 {
    @override
    멤버 함수() {
    }
}
```

상속받는 쪽(자식 클래스)은 extends 키워드를 통해서 상속받고자 하는 부모 클래스를 지정한다. @override 어노테이션은 부모 클래스의 메서드를 재정의하고 싶을 때 사용한다. 재정의한다는 의미는 기존 메서드에서 구현한 내용 대신 다른 동작을 하는 코드를 구현하는 것이다.

다음 예제를 차근차근 살펴보자.

예제 2.41 상속 기본 예제

```
main() {
    Student student = Student();
    student.studentID = 2020;
    student.setName('Kim');
    student.showInfo();
}

class Person {
    String name;

    setName(String name) {
        this.name = name; ④
    }

    getName() {
        return name;
    }

    showInfo() {
        print('name is $name');
    }
}

class Student extends Person { ①
    int studentID;

    @override ②
    showInfo() {
        print('name is ${super.getName()} and ID is $studentID.'); ③
//      print('name is $name and ID is $studentID.');
    }
}
```

```
name is Kim and ID is 2020.
```

①에서 Student 클래스는 Person 클래스를 상속받고 있다. 따라서 Student 클래스는 자식 클래스이고 Person 클래스는 부모 클래스이다.

Person 클래스는 1개의 멤버 변수와 3개의 메서드로 구성되어 있다. 자식 클래스인 Student 클래스는 이 멤버 변수와 메서드를 모두 상속받는다. 따라서 해당 멤버 변수와 메서드를 별도로 Student 클래스 내에 선언하지 않아도 사용 가능하다. 즉 선언된 위치만 부모 클래스에 있을 뿐이지 자식 클래스 내에 존재하는 것과 같다.

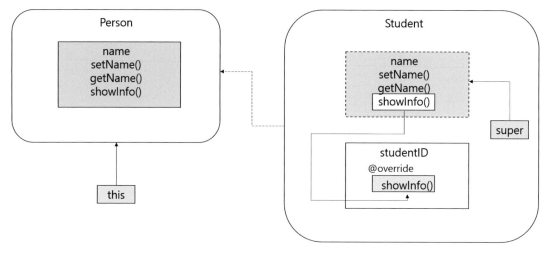

그림 2.7 부모 클래스(Person)와 자식 클래스(Student)의 관계

만약 함수의 기능을 변경하고 싶다면 재정의하면 된다. 부모 클래스의 showInfo() 메서드를 재정의해 보자. ②를 보면 @override 어노테이션이 있고 이것은 showInfo() 메서드를 재정의하기 위한 것이다. showInfo()는 부모 클래스에서는 name만 출력하고 있다. 자식 클래스에서는 자식 클래스의 멤버 변수인 studentID도 추가해서 출력하도록 변경했다.

이때 자식 클래스의 showInfo() 메서드 내부를 주목하자. ③을 보면 부모 클래스의 메서드인 getName() 메서드에 접근하기 위해서 super라는 키워드를 사용했다. super는 부모 클래스를 가리키는데 이는 생략할 수도 있다. 자식 클래스는 이미 부모 클래스의 getName() 메서드도 상속받았기 때문이다.

또한 getName()을 통해서 name에 접근하지 않고 곧바로 name 변수를 출력해도 된다. name 역시 상속받았기 때문이다.

마지막으로 살펴볼 것은 ④의 this 키워드이다. this는 해당 인스턴스를 가리킨다. 여기서 this.name은 Person 클래스의 인스턴스 변수인 name을 가리키고 name은 setName(String name) 메서드의 인자를 가리킨다. 변수명이 동일하기 때문에 구분하기 위해서 this로 인스턴스 변수를 명확히 가리킨 것이다.

상속은 왜 사용할까? 일단 코드를 재사용하기 때문에 클래스가 간소화되고 수정 및 추가가 쉬워진다. 예제 2.41에서 Student 클래스는 부모 클래스에 있는 멤버들을 일일이 다시 선언할 필요가 없다. 따라서 Student 클래스는 매우 간결해진다. 그리고 해당 클래스에서 필요한 기능은 쉽게 추가 가능하다.

studentID 변수를 추가하고 showInfo() 메서드를 필요에 맞게 수정했다.

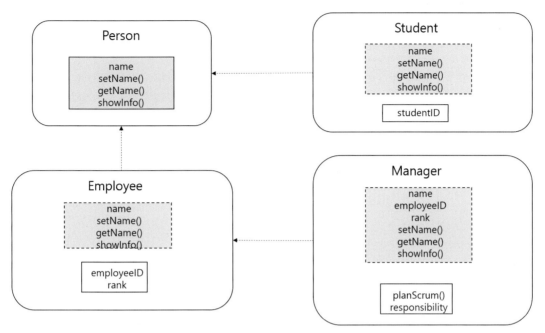

그림 2.8 상속을 통한 코드 재사용성

만약 Student 클래스 하나가 아닌 Employee 클래스, Employer 클래스, Manager 클래스, Programmer 클래스 등 사람과 관련된 수많은 객체를 위한 클래스를 생성한다고 생각해보자. 그러면 더욱 코드 재사용성이 값진 의미를 가진다. 또한 Employee 클래스 하위에 Manager 클래스, Programmer 클래스를 두는 방식으로 또 한 번 코드를 재사용할 수 있고 각 객체의 특징에 대해 유연하게 정의하고 수정 및 추가가 가능하다.

## 2.12 접근 지정자

클래스를 배운 후 추가적으로 알아야 할 개념들이 많다. 접근 지정자도 그중 하나이다. 앞서 배운 상속은 객체지향의 핵심이며 객체지향 4대 특징 중 하나이다. 객체지향 4대 특징은 다음과 같다.

1) 추상화
2) 캡슐화
3) 상속
4) 다형성

왜 갑자기 객체지향 4대 특징을 말하는 것일까? 이번에 다룰 접근 지정자는 객체지향 4대 특징 중 하나인 캡슐화의 짝꿍인 정보은닉과 관련 있기 때문이다.

## 캡슐화

캡슐화는 어떤 객체가 어떤 목적을 수행하기 위한 데이터(멤버 변수)와 기능(메서드)을 적절하게 모으는 것이다.

예를 들어 이름과 나이만 알고 먹고 자고 코딩만 하면 되는 개발자 객체를 캡슐화한다고 해보자.

```
class Developer {
    String name;
    int age;
    eat() { print('eat'); }
    sleep() { print('sleep'); }
    coding() { print('This is not bug. It's just feature.'); }
}
```

이런 식으로 하나의 기능을 수행하는 객체를 만드는 것이 캡슐화이다. 추상화와 차이점은 뭘까?

## 추상화

추상화는 어떤 객체의 공통된 데이터와 메서드를 묶어서 이름(클래스명)을 부여하는 것이다. 단순히 말하면 클래스를 만드는 일이다. 사람 클래스를 만든다고 생각해보자. 사람 객체에는 남자도 있고 여자도 있고 학생도 있고 선생님도 있고 개발자도 있다.

이런 다양한 하위 객체들을 아우르는 Person 클래스를 만들기 위해서 고민해야 하는 것은 무엇인가? 일단 모든 사람들이 공통적으로 갖는 데이터와 행동을 떠올려야 한다. 간단히 생각해보자.

```
class Person {
    String name;
    int age;
    eat() { }
    sleep() { }
}
```

사람은 모두 이름과 나이가 있고 먹고 잔다. 이런 공통 속성을 추출해나가는 과정을 추상화라고 한다. 추상화를 잘한다면 앞선 Developer 클래스를 만들 때 Person 클래스를 상속받는 구조를 통해 중복된 부분을 많이 없앨 수 있다. 코드 재사용률을 높일 수 있다는 것이다.

다시 본론으로 돌아와서 그럼 캡슐화 중에 정보은닉은 무엇일까? 이것은 먼저 접근 지정자를 알아보고 추후 getter, setter 개념을 살펴본 후 이야기할 문제다.

## 접근 지정자

접근 지정자는 클래스의 멤버 변수 또는 메서드 앞에 선언되고 종류에 따라 해당 멤버들에게 접근할 수 있는 범위가 달라진다.

자바의 경우에는 네 가지 접근 지정자가 존재한다. 그중에 private라는 접근 지정자는 동일 클래스 내에서만 접근이 가능하다. 그리고 public은 접근 범위에 제한 없이 모든 곳에서 접근 가능하다.

다트의 접근 지정자는 딱 두 종류다. 바로 앞서 말한 private와 public이다. 그러나 주의할 점이 있다. 접근 범위가 자바와 다르다. 다트에서 private 멤버의 접근 범위는 동일 클래스가 아니라 라이브러리(=자바 기준으로는 패키지)이다.

또한 접근 지정자의 키워드도 다르다. 다트는 기본적으로 아무런 키워드가 없을 경우 public이다. private로 선언하기 위해서는 변수나 메서드 앞에 _(밑줄)을 붙여야 한다. 즉 기본 형태는 다음과 같다.

```dart
class Person {
    String name;
    int _age;
    eat() { print('eat'); }
    _sleep() { print('sleep'); }
}
```

_가 붙은 _age와 _sleep()은 private이고 name과 eat()는 public이다.

다음 예제를 통해서 실제로 접근 지정자의 동작을 확인할 수 있다.

### 예제 2.42 접근 지정자 동작 방식

```dart
(main.dart)
import 'package:dartEx01/src/Person.dart';

main() {
    Person p = Person();
    p.eat();
//    p._sleep(); error
}
```
```dart
(Person.dart)
class Person {
    String name;
    int _age;

    eat() {
```

```
        print('eat');
    }

    _sleep() {
        print('sleep');
    }
}
```

```
eat
```

Person 클래스를 main.dart가 아닌 외부의 Person.dart에 선언했다. main.dart에서 Person.dart를 import 하고 public 메서드인 eat()를 호출한다. 이때는 정상적으로 호출이 되어 eat가 출력된다. 하지만 주석 처리된 _sleep()을 호출하면 에러가 발생한다. private인 _sleep()은 main.dart에서 접근이 불가능하기 때문이다.

## 2.13 Getter & Setter

클래스의 멤버 변수를 private이 아닌 public으로 선언하면 아무 곳에서나 접근이 가능하다. 언뜻 편리하다고 생각할 수 있지만 주의할 점도 있다. 예를 들면 의도하지 않은 곳에서 접근하여 값을 변경할 수 있다. 또한 만약 그런 일이 발생하면 수정하는 게 쉽지 않다. 많은 곳에서 참조하고 있으면 잘못된 값으로 변경한 곳이 어디인지 모두 확인해야 되기 때문이다. 멤버 변수뿐만 아니라 메서드도 마찬가지다.

이런 일을 방지하고자 클래스의 내부 정보를 공개하지 않도록 하는 것이 정보 은닉 방법 중 하나이다. 이러한 정보 은닉은 바로 캡슐화를 통해서 이뤄진다. 특정 멤버 변수에 접근할 수 있는 메서드를 만들면 된다.

멤버 변수를 private로 선언하고 해당 변수에 접근할 수 있는 메서드는 public으로 선언하면 멤버 변수에 직접적으로 접근하는 것을 막을 수 있다. 대신 메서드를 통해서 변수에 접근은 가능하다.

그런 특별한 메서드가 바로 이번에 살펴볼 getter와 setter이다.

getter는 멤버 변수의 값을 가져오는 역할을 하고 setter는 값을 쓰는 역할을 한다. 다트에서는 getter와 setter 메서드를 각각 get과 set이라는 키워드로 사용한다.

기본 형태는 다음과 같다.

```
class Person {
    String _name;
    String get name => _name;
    set name(String name) => _name = name;
}
```

private 멤버 변수인 _name에는 외부에서 직접 접근이 불가능하지만 public인 getter를 통해서 접근할 수 있다. 이때 get name에서 name이 접근할 때 사용할 이름이다. set도 public이라 _name에 값을 할당하기 위해 접근 가능하며 set name에서 name은 접근할 때 사용되는 이름이다. 즉 다음과 같이 사용한다.

예제 2.43 getter과 setter 사용

```
class Person {
    String _name;

    String get name => _name;
    set setName(String name) => _name = name;
}

main() {
    Person person = Person();
    person.setName = 'Kim';
    print(person.name);
}
```

```
Kim
```

getter와 setter를 추가하여 name이란 이름으로 _name에 접근한다. name은 _name에서 _를 빼고 써야되는 규칙 같은 게 아니다. 단순히 임의로 지정해준 이름이기 때문에 다음과 같이 변경해도 된다.

```
String get hello => _name;
```

```
print(person. hello);
```

만약 getter를 hello로 하고 setter를 setName이라고 하면 각각 해당 이름을 통해서 _name에 접근하는 것이다. 다만 name으로 쓰면 의미 파악이 쉽게 되니 가독성 측면에서 좋을 수 있다.

여기까지만 보면 _name을 name으로 wrapping한 것일 뿐이고, 결국 어디서든 name으로 참조하여야 값을 변경할 수 있다. 하지만 getter와 setter를 사용하면 어느 정도 제어가 가능하다.

예를 들어 _name이 절대 null이 되지 않아야 하는 상황이라면 getter와 setter를 다음과 같이 활용할 수 있다.

예제 2.44 getter와 setter 활용법

```
main() {
    Person person = Person();
    print(person.name);
    person.name = null;
    print(person.name);
}

class Person {
    String _name;

    String get name => (_name == null) ? 'Lee' : _name;  ①

    set name(String name) => (name == null) ? _name = 'Park' : _name = name;  ②
}
```

```
Lee
Park
```

① get을 살펴보면 _name이 null일 때 값에 접근하면 Lee라는 값을 가져온다. ② set을 보면 _name에 null을 할당하려고 하면 Park라는 값을 할당하여 _name이 null이 되는 경우가 없도록 한다. 이런 식으로 필요에 따라 적절히 활용할 수 있다.

## 2.14 추상 클래스

추상 클래스는 추상 메서드를 가질 수 있는 클래스이다. 추상 메서드를 필수적으로 포함해야 하는 것은 아니다. 일반 클래스는 추상 메서드를 가지고 싶어도 선언할 수 없다. 그럼 추상 메서드는 뭘까? 간단히 말해서 미완성된 메서드다. 메서드 선언은 되어 있지만 바디가 정의되지 않은 형태이다.

추상 클래스는 기존 클래스 앞에 추상이란 뜻을 가진 abstract 키워드를 붙여서 표현한다. 추상 클래스와 추상 메서드의 형태는 다음과 같다.

```
abstract class Person {
    eat();
}
```

추상 클래스는 미완성 클래스이기 때문에 객체를 생성할 수 없다. 하지만 참조형 변수의 타입으로는 사용할 수 있다. 추상 클래스를 사용하기 위해서는 일반 클래스에서 implements 키워드로 임플리먼트한 후에 반드시 추상 메서드를 오버라이딩해야 한다.

어떤 의미인지 다음 예제를 보자.

예제 2.45 추상 클래스 기본 사용법

```
main() {
    Person person = Developer();
    person.eat();
}

abstract class Person {
    eat();
}

class Developer implements Person {  ①
    @override
    eat() {
        print('Developer eat a meal');
    }
}
```

```
Developer eat a meal
```

① Developer 클래스는 추상 클래스인 Person을 임플리먼트했다. 이때 반드시 추상 클래스 Person의 추상 메서드인 eat()를 오버라이딩해야 한다. 꼭 다른 기능으로 사용하기 위한 재정의가 아니더라도 반드시 Developer 클래스 내에 선언되어 있어야 한다.

main() 함수를 보면 person 객체의 타입으로 추상 클래스인 Person을 사용했다. 다만 실제 생성되는 객체는 Developer이다. 이것이 참조형 변수 person의 타입으로 추상 클래스가 사용 가능한 예이다. 다만 main()에서 다음과 같이 추상 클래스로 객체를 생성하려고 하면 에러가 발생한다.

```
Person person = Person(); // error
```

다트에서는 추상 클래스에 반드시 추상 메서드만 존재해야 하는 것은 아니다. 앞서 말했듯이 추상 메서드가 존재할 수도 있을 뿐이다. 따라서 일반 메서드를 정의할 수도 있고 일반 메서드만 존재할 수도 있다. 일반 메서드도 반드시 임플리먼트하는 클래스에서 재정의되어야 한다. 그리고 추상 메서드든 일반 메서드든 임플리먼트 하는 클래스에서 @override 어노테이션 생략이 가능하다.

예제 2.46 일반 메서드를 포함하는 추상 클래스

```
main() {
    Person person = Developer();
//    Person person = Person(); error
    person.eat();
}

abstract class Person {
    eat();

    sleep() {
        print('Person must sleep');
    }
}

class Developer implements Person {
    @override
    eat() {
        print('Developer eat a meal');
    }

    sleep() {
        print('Developer must sleep');
    }
}
```

```
Developer eat a meal
```

위 예제를 보면 추상 클래스 Person에 일반 메서드인 sleep()이 추가되어 있다. 또한 Developer 클래스에서 재정의할 때 @override 어노테이션을 생략한 것을 볼 수 있다. 이때 예제처럼 일반 메서드인 sleep()도 반드시 Developer 클래스에서 재정의해야 한다는 점을 다시 한번 강조한다. 안 하면 에러가 발생한다.

extends 키워드를 사용해서 상속받는 일반 클래스의 경우에는 단 하나의 클래스만 상속이 가능하다. 하지만 추상 클래스는 일반 클래스와 다르게 여러 개를 임플리먼트 할 수 있다.

**예제 2.47 여러 추상 클래스의 임플리먼트**

```
main() {
//    Person person = Developer(); ①
    Developer person = Developer();
    person.eat();
    person.sleep();
    person.work();
}

abstract class Person {
    eat();

    sleep() {
        print('Person must sleep');
    }
}

abstract class Junior {
    work() {
        print('work hard');
    }
}

class Developer implements Person, Junior {
    @override
    eat() {
        print('Developer eat a meal');
    }

    sleep() {
        print('Developer must sleep');
    }

    work() {
        print('Junior developer works hard');
    }
}
```

```
Developer eat a meal
Developer must sleep
Junior developer works hard
```

추상 클래스인 Junior를 추가하고 Developer 클래스에서 Person과 함께 임플리먼트 했다. 이때도 반드시 Junior의 메서드를 오버라이딩해야 한다.

① 예제 2.47에서는 이전에 사용하던 Person을 참조형 변수의 타입으로 계속 사용할 수 없다. 왜냐하면 Junior의 메서드인 work()를 참조하려면 Person 타입으로는 불가능하기 때문이다. 만약 person.work() 를 주석 처리하면 Person 타입으로 사용할 수는 있다. 그러나 추상 클래스를 타입으로 지정하는 것은 일반적이지 않다. 따라서 Developer 객체를 생성할 때는 타입을 Developer로 지정하도록 한다.

**[요약]**
- 추상 클래스와 추상 메서드는 abstract 키워드를 사용한다.
- 추상 클래스는 참조형 변수의 타입으로 사용할 수 있다.
- 추상 클래스를 임플리먼트 할 때 반드시 메서드를 오버라이딩해야 한다.
- 추상 클래스에 추상 메서드만 존재하는 것은 아니다.
- 메서드 오버라이딩 시 @override 어노테이션은 생략 가능하다.

## 2.15 컬렉션

컬렉션은 다수의 데이터를 처리할 수 있는 자료구조이다. 하나의 데이터가 아닌 데이터의 집합이기 때문에 반복 가능하기도 하다. 반복 가능하다는 의미를 단순하게 생각하면 반복문 내에서 순회할 수도 있다는 것이다.

다트에서는 세 가지 컬렉션을 제공한다.

1) **List**: 데이터 순서가 있고 중복 허용
2) **Set**: 데이터 순서가 없고 중복 허용하지 않음
3) **Map**: 키(key)와 값(value)으로 구성되며 키는 중복되지 않고 값은 중복 가능

보통 컬렉션의 기본 중의 기본은 배열(array)이다. 그러나 다트에서는 List가 곧 배열이다.

### 1) List
List는 여러 개의 데이터를 담을 수 있는 자료구조이다. List에 데이터를 담을 때 순서를 가지기 때문에 배열을 대체할 수 있고 데이터에 순차적으로 접근하기 쉽다. 기본 형태는 다음과 같다.

```
List<데이터 타입> 변수명 = [데이터1, 데이터2, 데이터3, ...];
```

또는
```
List<데이터 타입> 변수명 = List();
colors .add(데이터1);
colors .add(데이터2);
colors .add(데이터3);

ex)
List<String> colors = ['Red', 'Orange', 'Yellow'];
또는
List<String> colors = List();
colors .add('Red');
colors .add('Orange');
colors .add('Yellow');
```

위 예제에서는 List에 들어갈 데이터 타입을 String으로 지정하였다. 그런데 만약에 List에 여러 타입의 데이터를 섞어서 넣고 싶으면 어떻게 해야 할까?

타입 추론 키워드인 dynamic이나 var를 사용하면 된다.

예제 2.48 여러 타입을 가지는 List

```
main() {
    List<dynamic> list1 = [1, 2.5, 'test']; ①
    dynamic list2 = [1, 2.5, 'test']; ②
    list2 = 1; ③
    var list3 = [1, 2.5, 'test']; ④
    // list3 = 1;

    for (int i = 0; i < list1.length; i++) { ⑤
        print(list1[i]);
    }
}
```

```
1
2.5
test
```

① : list1의 타입은 List⟨dynamic⟩이다. 이것은 List에 들어가는 데이터 타입이 dynamic이라는 의미다. 이렇게 사용하면 dynamic은 미지정 타입이고 타입 변경도 가능하기 때문에 list의 데이터로 다양한 타입을 넣을 수 있다.

② : list2의 타입을 dynamic으로 하면 list2의 데이터를 보고 list2의 타입을 추론할 것이다. 이때 추론되는 타입은 list1처럼 List⟨dynamic⟩가 될 것이다.

③ : dynamic 타입인 경우에는 타입 변경이 가능하기 때문에 list2는 List〈dynamic〉타입으로 추론될 것이다. 따라서 list2에 정수 1을 할당하면 int형으로 다시 재지정될 것이다. 즉 int list2 = 1;이 된다.

④ : var 타입을 사용해도 무방하다. var 역시 dynamic과 같이 타입 미지정인 상태이고 list3에 할당된 List의 형태를 보면 타입을 List〈dynamic〉으로 추론하여 지정될 것이기 때문이다. 단 list3에 정수 1을 할당하려고 하면 타입 변경을 시도하는 것이기 때문에 에러가 발생한다.

List의 각 데이터에 접근하려면 인덱스를 사용하면 된다. 예를 들어 list1의 첫 번째 요소(element)에 접근하려면 list1[0]이다. 인덱스는 0부터 시작한다. List는 순서가 있는 데이터의 집합이기 때문에 for문을 이용하면 순차적으로 데이터에 접근이 가능하다.

⑤: for문을 이용하여 list1의 데이터를 출력하고 있다. 이때 인덱스의 범위를 i 〈 list1.length로 지정했다. list1.length는 list1의 크기를 나타낸다. 크기는 list1에 포함된 요소의 수이다. 즉 list1의 length는 3이다.

List에서 사용되는 주요 메서드와 프로퍼티는 다음과 같다.

- indexOf(요소): 요소의 인덱스 값
- add(데이터): 데이터 추가
- addAll([데이터1, 데이터2]): 여러 데이터 추가
- remove(요소): 요소 삭제
- removeAt(인덱스): 지정한 인덱스의 요소 삭제
- contains(요소): 요소가 포함되었으면 true, 아니면 false
- clear(): 리스트 요소 전체 삭제
- sort(): 리스트 요소 정렬
- first: 리스트 첫 번째 요소
- last: 리스트 마지막 요소
- reversed: 리스트 요소 역순
- isNotEmpty: 리스트가 비어 있지 않으면 true, 비었으면 false
- isEmpty: 리스트가 비었으면 true, 비어있지 않으면 false
- single: 리스트에 단 1개의 요소만 있다면 해당 요소 리턴

위 메서드와 프로퍼티를 사용한 예제는 다음과 같다.

예제 2.49 List 주요 메서드와 프로퍼티 사용

---

```
main() {
    List<dynamic> list = [1, 2.5, 'test'];
    print('index of test = ${list.indexOf('test')}'); // 'test'의 인덱스 값 출력
    list.add('new'); // 'new' 추가
    list.addAll([100, 'korea']); // 여러 요소 추가
    list.remove(2.5); // 요소 중 2.5 삭제
```

```dart
    list.removeAt(0); // 인덱스 0의 요소(=1) 삭제
    print('-----Start of list-----');
    for (int i = 0; i < list.length; i++) {
        print(list[i]);
    }
    print('------End of list------');
    print('first of list = ${list.first}');
    print('last of list = ${list.last}');
    print('reverse of list = ${list.reversed}');
    if (list.contains('new')) {
        print('There is new.');
    }
    if (list.isNotEmpty) {
        print('list is not empty');
    }
    list.clear(); // 리스트 모든 항목 삭제
    for (int i = 0; i < list.length; i++) {
        print(list[i]);
    }
    if (list.isEmpty) {
        print('list is empty');
    }
     list.add(1000); // 1000 추가
    // 리스트의 요소가 단 1개라면 해당 요소 리턴
    print('list has just one element = ${list.single}');
    list.addAll([100, 20, 1, 200, 5, 3, 30, 2000]);
    list.sort(); // 리스트 정렬
    print(list);
}
```

---

```
index of test = 2
-----Start of list-----
test
new
100
korea
------End of list------
first of list = test
last of list = korea
reverse of list = (korea, 100, new, test)
There is new.
list is not empty
list is empty
```

```
list has just one element = 1000
[1, 3, 5, 20, 30, 100, 200, 1000, 2000]
```

## 2) Set

Set은 List처럼 데이터를 여러 개 담을 수 있는 자료구조다. 하지만 데이터의 순서가 없고 중복된 요소를 허용하지 않는다. 기본 형태는 다음과 같다.

```
Set<데이터 타입> 변수명 = {데이터1, 데이터2, 데이터3, ...};
또는
Set<데이터 타입> 변수명 = Set();
colors.add(데이터1);
colors.add(데이터2);
colors.add(데이터3);

ex)
Set<String> colors = {'RED', 'Orange', 'Yellow'};
또는
Set<String> colors = Set();
colors.add('Red');
colors.add('Orange');
colors.add('Yellow');
```

Set은 List와 형태가 거의 유사하다. 주의할 점은 초깃값을 넣을 때 List는 [ ]를 사용했지만 Set은 { }를 사용한다. 또한 중복을 허용하지 않기 때문에 다음 예제와 같이 같은 값을 여러 번 추가해도 단 하나만 존재한다.

예제 2.50 중복을 허용하지 않는 set

```
main() {
    Set<dynamic> testSet = {1, 2.5, 'test'};
    testSet.add(1);
    testSet.add(1);
    testSet.add(1);
    testSet.add(3);
    testSet.add(2);
    testSet.add('korea');
    testSet.add('korea');
    testSet.add('korea');


    print('-----Start of testSet-----');
```

```
    for(dynamic each in testSet) {
        print(each);
    }
    print('------End of testSet------');
}
```

```
-----Start of testSet-----
1
2.5
test
3
2
korea
------End of testSet------
```

순서를 가지지 않기 각 요소에 때문에 인덱스로는 접근하지 못하지만 for..in문을 통해서 접근 가능하다. for..in문은 반복 시 in 뒤에 선언된 객체에서 하나의 요소를 가져와 in 앞에 선언된 변수에 할당한다.

Set의 메서드와 프로퍼티는 List와 겹치는 부분이 많지만 인덱스와 관련된 것은 사용하지 않는다. 이 또한 Set은 데이터 순서를 가지지 않기 때문이다. 따라서 다음의 메서드와 프로퍼티는 사용하지 못한다.

```
indexOf()
removeAt()
sort()
reversed
```

예제 2.51 set 주요 메서드와 프로퍼티 사용

```
main() {
    Set<dynamic> testSet = {1, 2.5, 'test'};
//    print('index of test = ${testSet.indexOf('test')}'); // error 사용 불가
    testSet.add('new'); // 'new' 추가
    testSet.addAll({100, 'korea'}); // 여러 요소 추가
    testSet.remove(2.5); // 요소 중 2.5 삭제
//    testSet.removeAt(0); // error 사용 불가


    print('-----Start of testSet-----');
    print(testSet);
    print('------End of testSet------');

    print('first of testSet = ${testSet.first}');
```

```dart
    print('last of testSet = ${testSet.last}');
//    print('reverse of testSet = ${testSet.reversed}'); // error 사용 불가

    if (testSet.contains('new')) {
    print('There is new.');
    }

    if (testSet.isNotEmpty) {
    print('testSet is not empty');
    }

    testSet.clear(); // Set 모든 항목 삭제
    print(testSet);

    if (testSet.isEmpty) {
    print('testSet is empty');
    }

    testSet.add(1000); // 1000 추가

    // Set의 요소가 단 1개라면 해당 요소 리턴
    print('testSet has just one element = ${testSet.single}');

    testSet.addAll([100, 20, 1, 200, 5, 3, 30, 2000]);
//    testSet.sort(); // error 사용 불가
    print(testSet);
}
```

-----Start of testSet-----
{1, test, new, 100, korea}
------End of testSet------
first of testSet = 1
last of testSet = korea
There is new.
testSet is not empty
{}
testSet is empty
testSet has just one element = 1000
{1000, 100, 20, 1, 200, 5, 3, 30, 2000}

### 3) Map

Map은 키와 값으로 이뤄진 것이 가장 큰 특징이다. 키와 값은 한 쌍으로 이뤄진다. 키에 대한 값이 1대1로 매칭되어 있어서 빠른 탐색이 가능하다.

Map은 순서를 가지지 않지만 키를 정수로 설정하면 순서를 가진 것처럼 사용할 수도 있다. 키는 중복이 불가하고 값은 중복 가능하다. 만약 키 중복이 된다면 다음과 같은 상황에서 어떤 값을 가져와야 할지 알 수 없다. 이런 상황이 문제가 되기 때문에 키에 대한 중복은 허용하지 않는다.

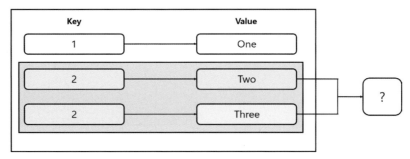

그림 2.9 키 중복 시 발생하는 문제

기본 형태는 다음과 같다.

```
Map<키 타입, 값 타입> 변수명 = {
    키1:값1,
    키2:값2,
    키3:키3
};
또는
Map<키 타입, 값 타입> 변수명 = Map();
변수명[1] = 값1;
변수명[2] = 값2;
변수명[3] = 값3;

ex)
Map<int, String> testMap = {
    1:'Red',
    2:'Orange',
    3:'Yellow'
};
또는
Map<int, String> testMap = Map();
testMap[1] = 'Red';
testMap[2] = 'Orange';
testMap[3] = 'Yellow';
```

Map의 간단한 예제는 다음과 같다.

예제 2.52 map 기본 사용

```
main() {
    Map<int, String> testMap = {1: 'Red', 2: 'Orange', 3: 'Yellow'};
    testMap[4] = 'Green'; ①

    print(testMap);
    print(testMap[1]); ②
    print(testMap[5]); ③
}
```

```
{1: Red, 2: Orange, 3: Yellow, 4: Green}
Red
null
```

① : 새로운 키인 4에 새로운 값 'Green'을 추가하는 것이다.

② : 키 1의 값인 'Red'를 가져와서 출력하는 것이다.

③ : 존재하지 않는 키인 5의 값을 가져오면 null을 리턴한다.

Map에서 키에 대한 값의 맵핑을 새로운 값으로 변경하려면 update()라는 메서드를 이용하면 된다.

예제 2.53 update()를 통한 값 변경

```
main() {
    Map<int, String> testMap = {1: 'Red', 2: 'Orange', 3: 'Yellow'};
    testMap[4] = 'Green';


    testMap.update(1, (value) => 'NewRed', ifAbsent: () => 'NewColor'); ①
    testMap.update(5, (value) => 'NewBlue', ifAbsent: () => 'NewColor'); ②

    print(testMap[1]);
    print(testMap[5]);

    print(testMap);
}
```

```
NewRed
NewColor
{1: NewRed, 2: Orange, 3: Yellow, 4: Green, 5: NewColor}
```

① : 키 1의 값을 'NewRed' 바꾸는 것이다. ifAbsent는 변경하고자 하는 키가 없을 때 해당 키와 값을 추가하도록 설정하는 것이다.

② : 키 5는 존재하지 않는다. 따라서 키 5가 추가되면서 값은 ifAbsent에서 지정한 'NewColor'가 된다.

## 2.16 제네릭

제네릭은 타입 매개변수를 통해 다양한 타입에 대한 유연한 대처를 가능하게 한다. 이게 무슨 말일까?

사실 앞서 봤던 컬렉션에서 이미 제네릭을 사용했다.

List, Set, Map 모두에서 〈〉를 사용했는데 그 부분에 타입 매개변수(Type parameter)를 지정한다. 이렇게 〈〉에 타입 매개변수를 선언하는 것을 매개변수화 타입(Parameterized type)을 정의한다고 한다.

### 타입 매개변수

타입 매개변수가 뭘까? 매개변수는 클래스 생성 시 생성자에서 사용하거나 함수 호출 시 인자 값을 전달하기 위해 사용한다. 타입 매개변수는 말 그대로 인자 값을 전달하는 것이 아니라 타입을 전달한다.

List를 예로 들어보자.

```
abstract class List<E> implements EfficientLengthIterable<E> {
...
void add(E value);
...
}
```

다트의 List 클래스는 위와 같이 선언되어 있다. 〈E〉가 존재하기 때문에 타입 매개변수를 사용할 수 있다는 것을 알 수 있다. 〈E〉의 E는 형식 타입 매개변수(Formal type parameter)라고 한다. 아직 특정 타입이 지정되지 않은 상태이다. 이때 List 객체 생성 시 아래와 같이 타입을 지정할 수 있다.

```
List<String> colors = List();
colors.add('Red');
```

위 경우는 List에서 타입 매개변수를 〈String〉으로 지정한 것이다. 〈String〉에서 String을 실제 타입 매개변수(Actual type parameter)라고 한다. 이것은 해당 List에 String 타입을 넘겨준 것을 의미한다. 따라서 해당 List에는 String 타입의 값만 넣을 수 있다.

하지만 새로운 List를 생성 시 타입 매개변수를 다른 타입으로 줄 수도 있다.

```
List<int> numbers = List();
numbers.add(1);
```

타입 매개변수를 int로 지정하면 int 타입 값만 넣을 수 있는 List가 생성된다. 이런 식으로 매개변수에 값을 넘겨주듯이 타입을 넘겨줄 수 있는 것이 제네릭의 핵심이다.

이렇게 제네릭을 사용해서 얻는 이점이 뭘까? 바로 코드를 중복으로 선언할 필요가 없는 것이다.

다시 List로 돌아와서 생각해보자.

String을 다루는 List와 int를 다루는 List를 각각 생성하고 add() 메서드를 구현한다고 가정해보자. 그러면 오버로딩을 사용한다고 해도 add() 메서드는 최소 2개가 필요하다. 다른 타입에 다른 메서드들까지 고려하면 그 수가 아주 많아진다. 그러나 제네릭을 사용하면 단 하나의 코드로 다양한 타입에 대한 커버가 가능하다.

## 매개변수화 타입을 제한하기

제네릭을 사용할 때 매개변수화 타입을 제한할 수도 있다.

타입 매개변수에 extends를 사용해서 특정 클래스를 지정하면 된다. 그러면 해당 특정 클래스와 그 클래스의 자식 클래스가 실제 타입 매개변수가 될 수 있는 것이다. 다형성을 생각하면 된다.

예제 2.54 매개변수화 타입 제한하기

```
void main() {
    var manager1 = Manager<Person>();
    manager1.eat();
    var manager2 = Manager<Student>();
    manager2.eat();
    var manager3 = Manager();
    manager3.eat();
    //var manager4 = Manager<Dog>(); // error
}

class Person {
    eat() {
        print('Person eats a food');
    }
```

```
}

class Student extends Person { ②
    eat() {
        print('Student eats a hambuger');
    }
}

class Manager<T extends Person> { ①
    eat() {
        print('Manager eats a sandwich');
    }
}

class Dog { ③
    eat() {
        print('Dog eats a dog food');
    }
}
```

```
Manager eats a sandwich
Manager eats a sandwich
Manager eats a sandwich
```

① : Manager 클래스는 타입 매개변수로 〈T extends Person〉을 선언했다. 그러면 Person 클래스와 그 자식 클래스가 실제 타입 매개변수가 될 수 있다. var manager3 = Manager()와 같이 실제 타입 매개 변수 없이 그냥 Manager 클래스 생성도 가능하다.

② : Student 클래스는 Person의 자식 클래스이다. 따라서 var manager2 = Manager〈Student〉()와 같이 Manager 클래스의 실제 타입 매개변수가 될 수 있다.

③ : Dog 클래스는 그냥 Dog 클래스이다. Person 클래스와 아무런 관계가 없다. 따라서 Dog 클래스는 Manager 클래스의 실제 타입 매개변수가 될 수 없다. 따라서 var manager4 = Manager〈Dog〉()와 같이 사용하려고 하면 에러가 발생한다.

## 제네릭 메서드

제네릭은 클래스뿐만 아니라 메서드에도 사용할 수 있다. 메서드의 리턴 타입, 매개변수를 제네릭으로 지정할 수 있다.

예제 2.55 메서드에 제네릭 사용하기

```
void main() {
    var person = Person();
    print(person.getName<String>('Kim'));  ②
}

class Person {
    T getName<T>(T param) {  ①
        return param;
    }
}
```

Kim

① : getName( ) 메서드의 리턴 타입과 매개변수가 제네릭 타입으로 지정되었다.

② : 실제 타입 매개변수를 String으로 지정하고 인자로 'Kim'을 넘겨주고 다시 'Kim'을 리턴 받아서 출력한다.

## 2.17 비동기 프로그래밍

일반적인 프로그래밍은 순차적으로 작업을 처리한다. 즉 하나의 작업을 요청한 후 그 작업이 끝나면 다음 작업으로 넘어간다. 이런 경우 처리시간이 긴 작업(특히 UI와 관련된 상황)을 만나면 사용자는 프로그램이 멈춘 것처럼 느낄 수 있다.

이러한 문제는 비동기 프로그래밍(Asynchronous programming)으로 해결할 수 있다. 비동기 프로그래밍은 요청한 작업의 결과를 기다리지 않고 바로 다음 작업으로 넘어감으로써 프로그램의 실행을 멈추지 않는다. 요청한 작업의 처리는 별도의 방식에 맡긴다.

> 비동기는 동시성(Concurrency)이나 병렬(Parallel)은 비교군이 될 수 없는 다른 개념이다. 또한 비동기를 정확히 이해하기 위해서는 블록킹(blocking)/논 블록킹(non-blocking)에 대해서도 알아야 한다.

다트는 future, stream을 통해서 자체적으로 비동기 프로그래밍을 지원한다. 해당 개념을 이해하려면 isolate라는 다트의 독특한 구조부터 알아야 한다.

따라서 다음의 순서로 살펴본다.

1. isolate
2. future, async, await
3. stream

## 1. isolate

isolate는 격리한다는 의미이다. 다트의 isolate도 그 의미와 연관이 깊다. isolate는 다트의 모든 코드가 실행되는 공간이다. 싱글 스레드를 가지고 있고 이벤트 루프를 통해 작업을 처리한다. 기본 isolate인 main isolate는 런타임에 생성된다.

isolate가 비록 싱글 스레드이지만 다트가 자체적인 비동기 프로그래밍을 지원하기 때문에 비동기 작업도 이벤트 루프에 의해서 적절히 처리된다. 또한 main isolate에서 무거운 작업으로 인해 반응성이 떨어진다면 추가로 isolate를 생성할 수 있다. 그러면 스레드가 2개가 되는 것이다. 다만 기존의 언어에서 사용하는 스레드와 차이점이 있다.

### ① isolate 구조 및 기존 스레드와 차이점

자바 등의 다른 언어에서 사용하는 스레드는 다음과 같이 스레드가 서로 메모리를 공유하는 구조이다.

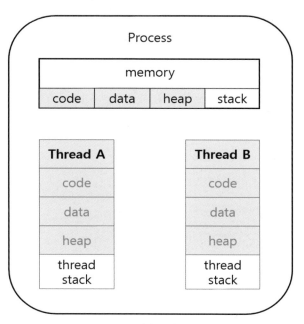

그림 2.10 자바 스레드 구조

하지만 isolate의 스레드는 자체적으로 메모리를 가지고 있다. 따라서 새로운 isolate를 생성하면 해당 isolate에 별도의 고유한 메모리를 가진 스레드가 하나 더 생기는 것이다. 즉 메모리 공유가 되지 않는다.

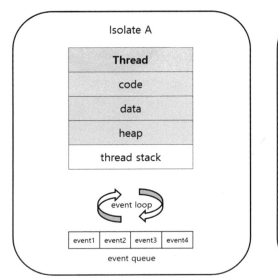
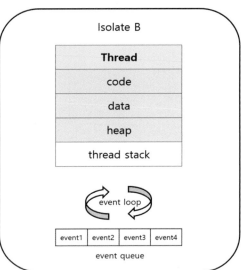

그림 2.11 다트 isolate 구조

따라서 두 isolate가 함께 작업하려면 message를 주고받아야만 가능하다. 이런 과정이 불편하다고 생각할 수도 있다. 하지만 멀티스레드 사용 시 늘 주의해야 하는 공유자원에 대한 컨트롤에 신경 쓰지 않아도 된다.

이벤트 루프는 이벤트 큐에 쌓여있는 작업들을 오래된 순으로 하나씩 가져와서 처리하도록 하는 역할을 한다.

### ② 새로운 isolate 생성하기

새로운 isolate는 spawn을 통해서 만들 수 있다. 다음 예제를 보자.

예제 2.56 isolate 생성

```
import 'dart:isolate';

void main() {
//    ReceivePort mainReceivePort = new ReceivePort(); ①
    Isolate.spawn(isolateTest, 1);
    Isolate.spawn(isolateTest, 2);
    Isolate.spawn(isolateTest, 3);
}


isolateTest(var m) {
    print('isolate no.$m');
}
```

```
isolate no.1
isolate no.3
```

main() 함수에서 isolate를 3개 spawn 하였다. 따라서 3개의 isolate가 만들어진다. 그런데 실행결과를 보면 이상하다. 출력이 2개밖에 없다(isolate 생성 순서와 출력 순서가 다른 것은 thread 경쟁에 의해 순서가 보장되지 않기 때문이다).

이것은 다른 버그에 대한 대처 때문이다. 그 대처로 인해서 isolate의 print() 호출은 무시될 수도 있다. 무려 2013년에 발생한 문제이지만 아직 고쳐지지 않은 것으로 보인다.

실제로 위 예제를 여러 번 실행하다 보면 출력이 랜덤하게 1개, 2개, 3개가 된다.

### ③ isolate 간 message 주고 받기

예제 2.56에 ①을 보면 주석 처리된 부분이 있다. 해당 부분의 주석을 풀면 출력문이 기대했던 3개로 나온다. ReceivePort는 isolate 간에 message를 주고받을 수 있는 역할을 한다. ReceivePort는 sendPort라는 getter를 통해서 SendPort를 리턴 받는다. 따라서 message를 보내고(send) 받기(receive)가 가능하다.

message를 보낼 때는 SendPort의 send를 이용하고 수신할 때는 ReceivePort의 listen을 이용한다.

다음 예제는 main isolate가 5개의 isolate와 message를 주고받는 예제이다.

예제 2.57 isolate 간 message 주고 받기

```
import 'dart:isolate';

main() {
    int counter = 0;

    ReceivePort mainReceivePort = new ReceivePort(); ①

    mainReceivePort.listen((fooSendPort) { ②
        if (fooSendPort is SendPort) {
            fooSendPort.send(counter++);
        } else {
            print(fooSendPort); ⑦
        }
    });

    for (var i = 0; i < 5; i++) {
        Isolate.spawn(foo, mainReceivePort.sendPort); ③
    }
}
```

```
foo(SendPort mainSendPort) {
    ReceivePort fooReceivePort = new ReceivePort(); ④
    mainSendPort.send(fooReceivePort.sendPort); ⑤

    fooReceivePort.listen((msg) {
        mainSendPort.send('received: $msg'); ⑥
    });
}
```

```
received: 0
received: 1
received: 2
received: 3
received: 4
```

① : main isolate에서 사용할 ReceivePort인 mainReceiverPort를 생성한다.

② : mainReceiverPort에서 message를 수신하는 listen를 선언한다. 만약 수신한 message가 SendPort 타입이면 해당 SendPort로 count 변수를 message로 하여 send 한다. 수신한 message가 SendPort 타입이 아니면 message를 출력한다.

③ : 5개의 isolate를 생성한다.

④ : 새로 생성된 isolate의 RecivePort인 fooReceivePort를 생성한다.

⑤ : isolate 생성 시 전달받은 main isolate의 SendPort를 이용하여 main isolate에 새로 생성된 isolate 의 SendPort를 전달한다.

⑥ : main isolate에서 받은 message(count 변숫값)을 'received: &msg' 형태의 String으로 만들어 다시 main isolate로 보낸다.

⑦ : ⑥에서 전달된 String을 받아서 print()를 통해서 출력한다.

이리저리 왔다 갔다 하는 코드이기 때문에 글만 봐서는 이해하기 어려울 수 있다. 다음 그림을 참고하자.

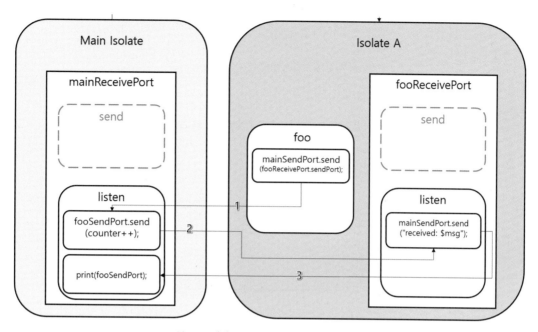

그림 2.12 예제 2.57의 Isolate message 전달 과정

## 2. future, async, await

다트는 future를 지원하는데, future는 이미 다른 언어에서도 종종 사용되고 있는 키워드다.

future는 어떤 작업 결괏값을 나중에 받기로 약속하는 것이다. 즉 요청한 작업의 결과를 기다리지 않고 바로 다음 작업으로 넘어간다. 그 후 작업이 완료되면 결과를 받는 방식으로 비동기 처리를 하는 것이다.

작업이 완료될 때까지 기다렸다가 결괏값을 받고 다음 작업으로 넘어갈 수도 있다. 이 경우는 async, await를 사용하면 가능하다.

그럼 future, async, await에 대해서 하나씩 알아보자.

### ① future

future는 크게는 두 가지 상태, 좀 더 세부적으로 나눠보면 세 가지 상태를 가진다.

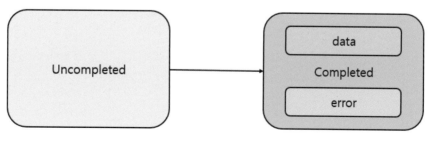

그림 2.13 future의 세 가지 상태

Uncompleted(미완료) : future 객체를 만들어서 작업을 요청한 상태
Completed(완료) : 요청한 작업이 완료된 상태
- **data** : 정상적으로 작업을 수행하여 결괏값을 리턴하며 완료
- **error** : 작업 처리 중 문제 발생 시 에러와 함께 완료

future는 상태별로 다른 작업과 마찬가지로 event loop에 의해서 순차적으로 처리된다. 처음 future를 생성하여 작업을 시작하면 Uncompleted future가 event queue에 들어간다. 해당 작업이 완료되기 전까지는 다른 작업들이 event queue에 들어가고 event loop에 의해서 꺼내져 처리된다. 그러다가 future가 작업을 끝내면 Completed future가 event queue에 들어가고 event loop에 의해 선택되면 Completed future가 가진 결괏값이나 에러에 대한 처리를 하는 것이다.

다음 그림은 future가 event queue에 어떤 식으로 쌓이는지 보여준다.

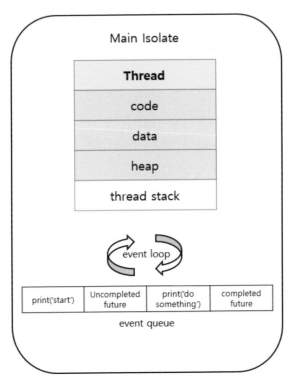

그림 2.14 event queue에 쌓인 future

그림 2.14를 바탕으로 예제를 구현할 것이다. 일단 future의 기본 형태를 잠시 살펴보자. 조금이라도 쉽게 이해할 수 있도록 가장 날 것의 형태부터 먼저 본다.

```
Future<T> 변수명 = new Future( () {
        // do something
    }
```

```
    return T;
});
```

```
변수명.then((결괏값) {
        // do something
}, onError: (에러) {
        // do something
});
```

future 객체를 만들 때 타입은 Future⟨T⟩와 같이 제네릭을 사용한다. 만약 타입을 Future⟨String⟩로 선언했다면 future에서 작업 후 리턴될 결괏값의 타입이 String 타입이라는 의미다. future를 만들어서 작업이 시작된 이 상태가 Uncompleted future이다. 따라서 현재 상태를 event queue에 넣고 다음 작업(ex. print('test'))으로 넘어간다. 이런 식으로 future내의 do something이 모두 처리되기 전에 다음 작업을 진행할 수 있다.

future의 작업이 완료되면 then()이 호출된다. 이때는 Completed future인 상태이다. then()의 첫 번째 매개변수는 결괏값을 인자로 가지는 익명 함수이고 두 번째 onError는 에러 처리를 위한 함수이다.

---

**NOTE**

onError의 형태가 잘 이해되지 않는다면 함수 챕터의 '이름 있는 선택 매개변수' 부분을 참고하면 된다. onError는 매개변수의 형태가 변수가 아니라 함수라는 점이 조금 다를 뿐이다. 간단한 예를 들면 다음과 같다.

```
main() {
    test(() => 100, bar: () => 200, onError: () => 300);
}

test(int foo(), {int bar(), int onError()}) {
    print(foo());
    print(bar());
    print(onError());
}
```

```
100
200
300
```

가장 날 것의 코드로 구현한 예제는 다음과 같다.

예제 2.58 future 사용 예제 (1)

```
main() {
    print('start'); ①

    Future<String> myFuture = new Future(() { ②
        for (int i = 0; i < 10000000000; i++) {
            // Ten billion times. My PC takes about four seconds.
        }
        return 'I got lots of data! There are 10000000000.';
    });

    myFuture.then((data) { ③
        print(data);
    }, onError: (e) {
        print(e);
    });

    print('do something'); ④
}
```

```
start
do something
I got lots of data! There are 10000000000.
```

① : start를 출력하는 작업이 event queue에 가장 먼저 들어가서 처음으로 실행된다.

② : future를 만든다. myFuture라는 객체를 생성하였다. 이때 타입을 보면 Future〈String〉으로 되어 있다. 결괏값의 타입이 String 타입이라는 의미다. 현재 상태는 Uncompleted future이다. 여기서의 작업은 for문을 100억 번 반복하는 것이다. 환경에 따라 다르겠지만 4~7초 정도 걸리는 작업이다. 해당 작업의 시작을 알리는 Uncompleted future가 event queue에 들어간다. 실제 작업은 dart 내부적으로 별도의 스레드를 이용해서 진행할 것이고 바로 다음 event queue에 있는 작업으로 넘어간다.

③ : future가 작업을 완료하면 then()이 호출된다. 결괏값을 받은 후 출력한다. 만약 에러가 발생하면 에러를 출력하도록 한다(에러 출력 예제는 다음 예제에서 다룬다).

④ : do something을 출력한다.

**출력 결과**: main이 시작하면 start를 가장 먼저 출력한다. 그 후 main isolate의 유일한 스레드는 Uncompleted future 처리를 요청받을 것이다. 해당 작업은 별도의 어디선가 작업을 진행하도록 하고 바로 다음 작업인 do something을 출력한다. 그리고 future가 완료되면 Completed future를 받아서 then()

의 익명 함수에서 구현된 내용인 결괏값을 출력한다.

Completed future가 결괏값 대신에 에러를 가졌을 때는 onError를 통해서 처리된다. 이를 확인해보기 위해서 다음과 같이 future 내에서 의도적으로 에러를 던져보겠다.

예제 2.59 future에 의도적 error 발생

```
main() {
    print('start');

    Future<String> myFuture = new Future(() {
        for (int i = 0; i < 10000000000; i++) {
            // Ten billion times. My PC takes about four seconds.
        }
        return throw Exception('Failed : data is too many');
    });

    myFuture.then((data) {
        print(data);
    }, onError: (e) {
        print(e);
    });

    print('do something');
}
```

```
start
do something
Exception: Failed : data is too many
```

출력 결과를 보면 Exception을 받아서 출력한 것을 확인할 수 있다.

이제 예제 2.58을 좀 더 보기 좋게 정리해보자. for문이 데이터를 얻는 과정이라고 가정하여 해당 부분을 별도 함수로 분리하고 then()의 익명 함수도 람다를 사용한다. 에러 처리를 하는 onError도 builder pattern으로 변경한다. 이때는 catchError()라는 함수를 사용한다.

예제 2.60 future 사용 예제 (2)

```
main() {
    print('start');

    var myFuture = getData();
    myFuture.then((data) => print(data))
```

```
        .catchError((e) => print(e));

    print('do something');
}


Future<String> getData() {
    return Future(() {
        for (int i = 0; i < 10000000000; i++) {
            // Ten billion times. My PC takes about four seconds.
        }
        return 'I got a lot of data! There are 10000000000.';
//        return throw Exception('Failed : data is too much');
    });
}
```

---

```
Start
do something
I got a lot of data! There are 10000000000.
```

onError와 catchError는 에러를 처리한다는 관점에서 역할은 동일하지만 차이점이 있다. onError는 future에서 발생한 에러만 처리할 수 있다. 대신 catchError는 then()의 첫 번째 인자인 익명 함수 내부에서 발생한 에러까지 처리할 수 있다. 다음 예제를 보자.

예제 2.61 catchError()를 사용한 에러 처리

```
main() {
    print('start');

    var myFuture = getData();
    myFuture.then((data) => test(data))
        .catchError((e) => print(e));

    var myFuture2 = getData();
    myFuture2.then((data) {
        test(data);
    }, onError: (e) {
        print(e);
    });

    print('do something');
}


Future<String> getData() {
    return Future(() {
```

```
            return 'I got a lot of data! There are 10000000000.';
    });
}

test(String data) {
    print(data);
    return throw Exception('Failed : test is empty');
}
```

start

do something

I got a lot of data! There are 10000000000.

Exception: Failed : test is empty

I got a lot of data! There are 10000000000.

Unhandled exception:

Exception: Failed : test is empty

#0      test (file:///D:/dartEx01/bin/main.dart:26:10)

#1      main.〈anonymous closure〉 (file:///D:/dartEx01/bin/main.dart:10:5)

#2      _RootZone.runUnary (dart:async/zone.dart:1381:54)

#3      _FutureListener.handleValue (dart:async/future_impl.dart:139:18)

#4      Future._propagateToListeners.handleValueCallback (dart:async/future_impl.dart:680:45)

#5      Future._propagateToListeners (dart:async/future_impl.dart:709:32)

#6      Future._complete (dart:async/future_impl.dart:514:7)

#7      new Future.〈anonymous closure〉 (dart:async/future.dart:176:16)

#8      Timer._createTimer.〈anonymous closure〉 (dart:async-patch/timer_patch.dart:23:15)

#9      _Timer._runTimers (dart:isolate-patch/timer_impl.dart:384:19)

#10     _Timer._handleMessage (dart:isolate-patch/timer_impl.dart:418:5)

#11       _RawReceivePortImpl._handleMessage (dart:isolate-patch/isolate_patch.dart:174:12)

기존 익명 함수에서 바로 print() 함수를 호출하던 것을 test()라는 함수로 변경했다. test() 함수는 print() 함수를 호출한 후 에러를 발생하도록 했다. 이때 catchError는 test() 함수에서 발생한 에러를 처리하여 Exception을 출력했다. 하지만 onError는 에러를 처리하지 못했다.

## ② async, await

async와 await는 한 쌍으로 사용한다. await가 비동기(async) 함수 내에서만 사용할 수 있는 키워드이기 때문이다. 비동기 함수를 만드는 방법은 함수명 뒤에 async 키워드를 붙이는 것이다.

기본 형태는 다음과 같다.

```
함수명() async {
    await 작업함수();
}
```

비동기 함수 내에서 await가 붙은 작업은 해당 작업이 끝날 때까지 다음 작업으로 넘어가지 않고 기다린다.

어떤 경우에 async, await를 사용하는지 예제를 보자. 다음 예제는 비동기를 적용하지 않은 경우이다.

예제 2.62 비동기를 사용하지 않은 경우

```
main() {
    print('start');

    var myFuture = getData();
    print('result : $myFuture'); ①

    print('do something');
}

Future<String> getData() {
    var test = Future(() {
        for (int i = 0; i < 10000000000; i++) {
            // Ten billion times. My PC takes about four seconds.
        }
        return 'I got a lot of data! There are 10000000000.';
    });
    return test;
}
```

```
start
result : Instance of 'Future<String>'
do something
```

① : getData()의 작업이 끝나기 전에 리턴 값을 가져와서 출력하고 있다. 따라서 아직 결괏값이 없기 때문에 리턴 변수의 타입이 출력되었다.

예제 2.62에 비동기 함수를 적용해보자.

예제 2.63 비동기를 적용한 경우

```
main() async {
    print('start'); ①

    var myFuture = await getData(); ②
    print('result : $myFuture'); ③
```

```
        print('do something'); ④
}

Future<String> getData() {
    var test = Future(() {
        for (int i = 0; i < 10000000000; i++) {
            // Ten billion times. My PC takes about four seconds.
        }
        return 'I got a lot of data! There are 10000000000.';
    });
    return test;
}
```

```
start
result : I got a lot of data! There are 10000000000.
do something
```

main() 함수를 비동기 함수로 만들고 getData()의 작업이 끝날 때까지 다음 작업으로 진행하지 않도록 await를 사용했다. 그러면 getData() 내부의 future가 작업을 마치고 결괏값을 제공하기 때문에 출력 결과가 이전과 다르게 결괏값을 보여준다. 또한 실제 실행 시 ①의 start가 출력이 되고 ②에서 getData() 내부 for문이 처리되는 동안 프로그램이 멈춘 것처럼 있다가 완료되는 순간 ③이 실행되고 곧이어 ④가 실행되는 것을 확인할 수 있다.

## 3. stream

앞서 살펴본 future는 하나의 데이터(결괏값)를 then()에서 수신했다. 반면에 stream은 연속된 데이터를 listen()을 통해서 비동기적으로 처리할 수 있다. 예를 들면 실시간으로 데이터를 처리할 때 future는 이미지 파일 하나를 다운로드하여 보여줄 때 적합하다면 stream은 동영상(연속된 이미지)을 보여주는 데 사용할 수 있다. stream은 이름처럼 흔히 말하는 스트리밍(streaming) 서비스의 동작 방식과 다를 바 없는 것이다.

### stream 동작 방식

이해를 돕기 위해 다음과 같은 가상의 동영상 스트리밍 환경이 있다고 가정하자.

- 실시간 스트리밍을 위한 동영상 파일은 여러 장의 이미지 파일로 구성
- 해당 파일은 서버에 존재하며 서버는 한 번에 이미지 파일 한 장씩 전송
- 클라이언트(future or stream)에서는 한 번에 이미지 파일 한 장씩 수신
- 각 이미지 파일은 최소 2초 이내에 가져와야 원활한 재생이 가능

엉뚱한 조건이지만 개념을 구체화하기 위한 극적인 장치이다. 위 조건을 기반으로 future와 stream의 데이터 처리 과정을 그림으로 나타내면 다음과 같다.

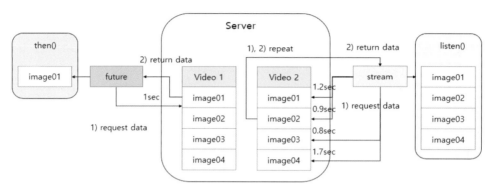

그림 2.15 future와 stream의 데이터 처리 과정

future는 서버에 데이터를 요청하면 image01 하나만 수신하고 해당 파일만을 결괏값으로 가져오고 끝난다. 타입이 Future〈image〉라고 생각하면 된다. 하지만 stream은 image01을 수신하면 listen()에서 처리한 후 끝나는 게 아니다. 이어서 image02를 수신하면 바로 listen()에서 처리할 수 있도록 전달한다. 이런 식으로 동영상의 끝까지 처리가 가능하다. listen()에서는 수신한 이미지를 연속으로 화면에 보여주는 처리를 하면 된다.

다시 정리하여 좀 더 간략하게 표현하면 다음과 같다.

future는 서버에 데이터를 요청한 후 수신한 결괏값에 대해서 then()으로 전달한다.

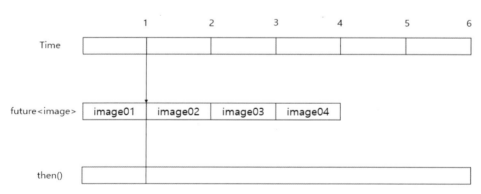

그림 2.16 future 데이터 처리

stream은 구독자 패턴(또는 관찰자 패턴, Observer pattern)이다. 구독자(listen)가 관찰 대상(stream)을 구독하여 관찰 대상에 변화가 발생하면 구독자에게 그 변화를 알려준다.

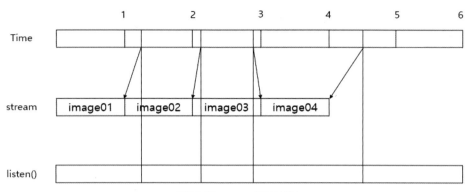

그림 2.17 stream 데이터 처리

서버에서 데이터를 받아오는 동작 중에 image01이 수신되면(=stream 변화 발생) 곧바로 listen()(=구독자)에게 전달하고 대기한다. 그러다 또 어떤 타이밍에 image02가 수신되면 listen에게 변화를 알려주는 것을 반복한다.

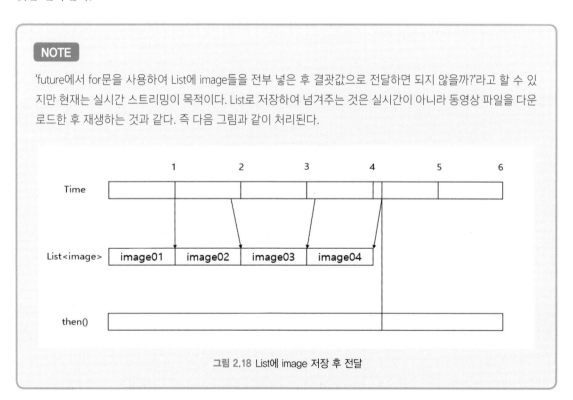

> **NOTE**
>
> 'future에서 for문을 사용하여 List에 image들을 전부 넣은 후 결괏값으로 전달하면 되지 않을까?'라고 할 수 있지만 현재는 실시간 스트리밍이 목적이다. List로 저장하여 넘겨주는 것은 실시간이 아니라 동영상 파일을 다운로드한 후 재생하는 것과 같다. 즉 다음 그림과 같이 처리된다.
>
> 그림 2.18 List에 image 저장 후 전달

stream 예제 코드

### 1) stream을 만드는 다양한 방법

stream의 동작 방식에 대한 감이 잡혔다면 실제로 stream을 생성하는 다양한 방법에 대해서 살펴보자.

예제 2.64 stream 생성 방법

```
main() {
    print('start');
    var stream = Stream.value(100).listen((dynamic x) => print('getData : $x')); ①
    print('do something');
}
```

```
start
do something
getData : 100
```

① : 하나의 데이터에 대한 이벤트를 발생하는 stream을 생성한다. 100이란 정수형 데이터를 넘겨주면 곧바로 listen()에서 출력하는 단순한 동작이다.

특정 주기로 반복적으로 이벤트를 발생하는 stream을 생성할 수도 있다.

예제 2.65 반복 이벤트 발생 stream 생성

```
main() {
    print('start');
    var stream = Stream.periodic(Duration(seconds: 1), (x) => x).take(5); ①
    stream.listen(print); ②
    print('do something');
}
```

```
start
do something
0
1
2
3
4
```

① : stream을 생성한다. Stream.periodic()은 특정 주기로 반복적으로 이벤트를 발생하는 stream을 만든다. 첫 번째 인자는 Duration() 객체이고, 두 번째 인자는 이벤트에서 발생한 값을 계산하는 함수이다. Duration은 1초 간격으로 설정했고 계산 함수는 디폴트인 카운트 함수를 사용하도록 했다. 카운트 함수는 0부터 시작하여 1초에 1씩 증가한다. take()는 몇 회까지 반복할지 정해주는 역할을 한다.

② : listen()은 stream의 변화를 관찰하여 변화가 있을 때, 즉 새로운 데이터 입력 시 해당 데이터를 출력해준다. var stream = Stream.periodic(Duration(seconds: 1), (x) => x).take(5).listen(print); 이렇게 쭉 이어서 listen을 사용할 수도 있다.

**실행 결과**: stream에 1초에 한 번씩 데이터가 들어오면 listen()에서 그때마다 출력을 한 것이다.

periodic 외에도 fromIterable을 통해서 List와 같은 형태의 데이터를 다룰 수 있다. 또한 future를 다루려면 fromFuture를 사용하면 된다. 간단한 예시는 다음과 같다.

예제 2.66 다양한 형태의 stream 다루기

```
main() {
    print('start');
    var stream = Stream.periodic(Duration(seconds: 1), (x) => x +1)
    .take(5)
    .listen((x) => print('periodic : $x')); ①

    Stream.fromIterable(['one', '2.5', 'three', 4, 5])
    .listen((dynamic x) => print('fromIterable : $x')); ②

    Stream.fromFuture(getData())
    .listen((x) => print('fromFuture : $x')); ③
    print('do something');
}


Future<String> getData() async {
    return Future.delayed(Duration(seconds: 3), () => 'after 3 seconds');
}
```

```
start
do something
fromIterable : one
fromIterable : 2.5
fromIterable : three
fromIterable : 4
fromIterable : 5
periodic : 1
periodic : 2
periodic : 3
fromFuture : after 3 seconds
periodic : 4
periodic : 5
```

① : periodic의 listen을 조금 수정했다. builder 형식으로 바꾸고 print 부분도 변경되었다.

② : List〈dynamic〉 타입의 데이터에서 값을 받아서 처리하고 있다. 각 요소를 순차적으로 가져와서 출력한다.

③ : future를 처리하는 stream이다. getData()를 보면 3초 후에 'after 3 seconds'라는 문자열을 결괏값으로 가진다. 따라서 periodic의 결과와 함께 보면 3초에 출력되는 것을 확인할 수 있다.

## 2) StreamController 사용하기

비동기 함수에 의해서 전달되는 형태가 아니라 stream에 이벤트를 직접 지정해주고 싶다면 StreamController를 사용한다. StreamController으로 stream을 만들고 이벤트를 채워 넣으면 된다.

예제 2.67 StreamController 사용하기

```dart
import 'dart:async';

main() {
    print('start');

    StreamController streamCtrl = StreamController(); ①
    streamCtrl.stream.listen((x) => print(x)); ②

    streamCtrl.add(100); ③
    streamCtrl.add('test');
    streamCtrl.add(200);
    streamCtrl.add(300);
    streamCtrl.close(); ④

    print('do something');
}
```

```
start
do something
100
test
200
300
```

① : StreamController를 생성한다. StreamController은 멤버로 stream을 포함하고 있다.

② : StreamController으로 만든 stream에 대한 구독을 위한 listen을 등록한다.

③ : add()를 통해 이벤트를 추가한다. 각 이벤트가 발생하면 listen에서 출력으로 처리한다.

④ : stream을 닫는다.

기본적으로 하나의 stream에 대한 구독자(listen)는 하나만 등록할 수 있다. 만약 2개 이상 등록하고 싶으면 broadcast를 사용해야 한다.

예제 2.68 broadcast를 이용한 다중 구독자 등록

```dart
import 'dart:async';

main() {
    print('start');

    var stream = Stream.periodic(Duration(seconds: 1), (x) => x + 1).take(3);
    stream.listen(print);
//    stream.listen(print); // error ①

    StreamController streamCtrl = StreamController.broadcast(); ②
    streamCtrl.stream.listen((x) => print('listen 1 = $x'));
    streamCtrl.stream.listen((x) => print('listen 2 = $x')); ③

    streamCtrl.add(100);
    streamCtrl.add(200);
    streamCtrl.add(300);
    streamCtrl.close();

    print('do something');
}
```

```
start
do something
listen 1 = 100
listen 2 = 100
listen 1 = 200
listen 2 = 200
listen 1 = 300
listen 2 = 300
1
2
3
```

① : broadcast가 아닌 stream에 listen을 2개 등록하면 에러가 발생한다.

② : StreamController를 만들 때 broadcast로 생성하였다.

③ : 하나의 stream에 listen()을 2개 등록하였다. broadcast라 가능하다.

### 3) async*, yield 사용하기

제너레이터(Generator) 함수는 반복 가능한 함수이다. 보통 함수는 return을 맞이하면 종료된다. 하지만 제너레이터 함수는 return 대신에 yield를 사용한다. 제너레이터 함수를 만드는 방법은 비동기 함수와

비슷하게 함수명 뒤에 async*라는 키워드를 붙인다. 이러한 제너레이터 함수의 리턴 타입은 Stream이다. 다시 말하면 Stream 함수를 만들기 위해서 async*를 사용하는 것이다.

**예제 2.69** Stream 함수 만들기

```
import 'dart:async';

main() {
    print('start');

    var stream = getData(); ①
    stream.listen((x) => print(x));

    print('do something');
}

Stream<int> getData() async* { ②
    for (int i = 0; i < 5; i++) {
        yield i;
    }
}
```

```
start
do something
0
1
2
3
4
```

① : 함수를 통해 stream을 생성하였다.

② : 제너레이터 함수인 getData()를 구현했다. 함수 타입이 Stream〈int〉이다. 따라서 반복적으로 생성되는 데이터를 stream으로 전달하여 listen에서 처리가 가능하다.

초반에 예시로 언급했던 가상의 동영상 스트리밍 환경에 대한 동작을 처리하는 가상의 코드는 다음과 같이 구현할 수 있다.

예제 2.70 가상의 동영상 스트리밍 코드

```
import 'dart:async';

main() {
    print('start');

    var stream = requestData(); ①
    stream.listen((String x) => print(x));

    print('do something');
}

Stream<String> requestData() async* { ②
    for (int i = 1; i < 5; i++) {
        await Future.delayed(Duration(seconds: 1));
        yield 'image0$i';
    }
}
```

```
start
do something
image01
image02
image03
image04
```

① : 서버에 데이터를 요청하는 Stream 함수를 통해서 stream을 만든다.
② : 서버에 데이터를 요청하면 4개의 이미지가 약 1초 간격으로 하나씩 전달되는 상황을 표현한 예시 코드이다.

실제 서버가 존재하는 상황이라 아니기 때문에 서버에 어떤 요청은 불가능하다. 따라서 실제 환경이라면 서버에 데이터를 요청하면 4개의 이미지가 약 1초 간격으로 하나씩 전달되는 Restful API가 있어야 하고 거기서 전달받은 결과를 yield로 stream에 넣어줘야 한다.

여기까지 stream의 기본적인 부분에 대해서 살펴봤다. 어떻게 사용하느냐에 따라 다양한 방식의 형태가 나올 수 있기 때문에 여기서 모든 케이스를 다룰 수는 없다. 이외에도 여러 가지 속성, 메서드를 활용할 수 있고 future처럼 에러 처리도 가능하다.

# Chapter. 03
# 위젯의 기본 개념

플러터는 화면에 표시되는 UI를 위젯이란 개념을 사용하여 나타낸다. 이미지나 텍스트 표시는 물론이고 사용자와 상호 작용을 하는 버튼과 심지어 레이아웃 배치를 위한 속성들도 모두 위젯이다.

위젯은 framework.dart에 정의된 클래스이다. 앞으로 등장할 위젯들은 이 위젯 클래스를 상속받은 것이다.

Hello World 앱을 구현하면서 위젯이 실제로 어떻게 사용되는지 살펴보자. 이를 통해서 위젯이 무엇인지 감을 잡을 수 있을 것이다.

예제 3.1 Hello World 앱 소스

```
import 'package:flutter/material.dart';

void main() => runApp(new HelloWorld()); ①

class HelloWorld extends StatelessWidget { ②
    @override
    Widget build(BuildContext context) { ③
        return new MaterialApp( ④
            title: 'First Flutter App',
            home: new Scaffold( ⑤
                appBar: new AppBar( ⑥
                    title: const Text('Hello World Demo'),
                ),
                body: const Center(
                    child: const Text('Hello World'),
                ),
            ),
        );
    }
}
```

네이티브 앱[1] 개발자라면 플러터만의 새로운 구조가 생소할 것이다. 하나씩 살펴보자.

① : main()은 코드의 시작점으로 runApp() 함수를 호출한다. runApp()의 매개변수는 위젯이다. 따라서 가장 먼저 화면에 나타날 위젯을 구현해야 한다. 여기서는 그 위젯이 HelloWorld 클래스이다.

---

1  네이티브 앱: 자바, 코틀린으로 개발한 안드로이드 앱이나 스위프트, 오브젝트 C로 개발한 iOS 앱

② : StatelessWidget를 상속받은 HelloWorld 클래스를 구현한다. StatelessWidget은 위젯을 상속받은 추상 클래스이다. 따라서 HelloWorld 클래스도 위젯을 상속받은 것이기 때문에 runApp()의 인자로 사용할 수 있다. StatelessWidget은 간단히 말해서 화면 표시만을 위한 위젯이다.

③ : build() 함수를 오버라이딩한다. Build()는 StatelessWidget 상속 시 필수 구현 함수이며 리턴 타입은 위젯이다. 즉 이곳에서 기본적인 위젯을 만드는(build) 것이다.

④ : MaterialApp은 안드로이드 머티리얼 디자인의 구현을 쉽게 할 수 있도록 도와주는 위젯이다. 다양한 매개변수를 가지는데 여기서 사용된 title이라는 매개변수는 앱의 최근 목록에서 표시되는 타이틀이다. 그림 3.1을 보면 First Flutter App이 title로 지정된 것을 확인할 수 있다.

그림 3.1 최근 앱 목록의 타이틀

⑤ : home이란 매개변수의 타입은 위젯이다. 즉 MaterialApp의 자식 위젯이라고 생각하면 된다. 여기서 사용된 Scaffold라는 위젯은 MaterialApp 내에서 실제적으로 머티리얼 디자인의 기본적인 뼈대를 구성하는 역할을 한다. Scaffold 역시 다양한 매개변수가 있는데 그중 appBar, body를 사용했다. 이렇게 각 위젯은 다양한 자신만의 매개변수를 가진다.

⑥ : appBar와 body 역시 위젯이다. appBar는 그림 3.2에서 'Hello World Demo'라고 적힌 부분이다. 새로운 AppBar 위젯을 만들고 AppBar 위젯의 매개변수 중 title이란 매개변수를 사용했다(MaterialApp의 매개변수인 title과 다른 것이다). body는 AppBar를 제외한 아래 영역이다.

body는 정렬과 관련된 위젯인 Center를 사용했다. Center의 매개변수 중 child 위젯에 Text라는 StatefulWidget을 사용하여 'Hello World'라는 텍스트를 표시했다. Center라는 이름에서 알 수 있듯이 가운데 정렬을 해주는 위젯이다.

이렇게 플러터 앱의 화면 구성은 위젯으로 시작해서 위젯으로 끝이 난다. 코드를 실행해보면 아래 그림 3.2와 같이 나온다. 참고로 우측 상단의 DEBUG 마크는 debug mode로 빌드해서 나타난 것이며 release mode로 빌드하면 나타나지 않는다.

그림 3.2 Hello World 앱 실행화면

여기서 하나 주목할 부분은 플러터의 기본 실행 순서이다. 요약하면 다음과 같다.

```
main() -> runApp(new HelloWorld()) -> HelloWorld() -> build() -> MaterialApp() -> Scaffold()
```

아주 간단하지만 아직까진 낯선 위젯 형태의 플러터 Hello World 예제를 짧게 살펴봤다. 앞서 말했듯이 플러터는 위젯으로 모든 UI를 처리한다. 화면에 보이는 사진, 글자, 버튼, 리스트 등 모든 것이 위젯이다. 또한 사진을 가운데에 배치한다든가 하는 레이아웃 구성도 모두 위젯으로 이뤄진다.

위젯은 여러 가지 종류가 있지만 크게 보면 두 가지로 나눌 수 있다. 바로 StatelessWidget과 StatefulWidget이다. 다음 절에서 이 두 가지 위젯의 특징을 살펴보자.

## 3.2 StatelessWidget

StatelessWidget은 말 그대로 상태(State)를 가지지 않는 위젯이다. 상태를 가지지 않는다는 것은 위젯이 어떤 변화에 대해 무감각하다는 것을 의미한다.

예제 3.1에서 살펴봤듯이 StatelessWidget의 위젯은 build() 함수를 통해서 만들어진다. StatelessWidget은 상태 변화를 감지하지 않기 때문에 화면을 구성할 때 최초 한 번만 build() 함수를 호출한 후 다시 호출하지 않는다. 단순히 Hello World라는 문구를 보여줄 때는 아무 문제가 없다.

하지만 어떤 버튼을 눌렀을 때 어떤 텍스트가 변경되는 동작을 구현하려고 한다면 StatelessWidget은 적합하지 않다. 왜냐하면 텍스트의 상태 변화를 알지 못하기 때문이다. 다음과 같은 상황인 것이다.

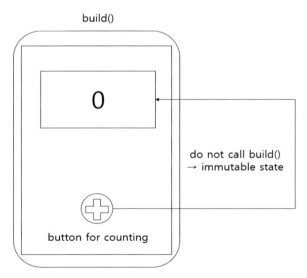

그림 3.3 텍스트에 변화를 주는 버튼 동작

StatelessWidget을 사용하여 그림 3.3과 같이 동작하는 앱을 만들어보자. 즉 정상적으로 동작하지 않는 카운터 데모 앱(counter app의 demo 버전)을 만든다는 의미다.

TIP ▶ 카운터 데모 앱은 플러터 프로젝트를 생성하면 기본적으로 만들어진다.

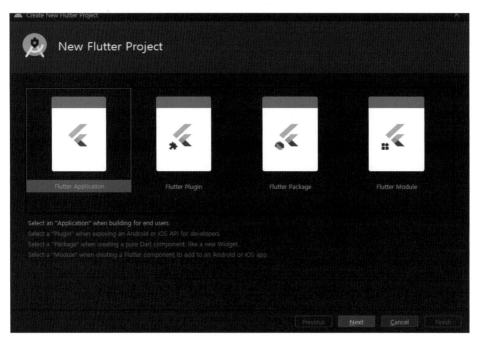

그림 3.4 새 프로젝트를 통한 카운터 데모 앱 생성

이때 생성된 코드는 StatefulWidget으로 구현되어 정상적으로 동작한다. 해당 코드를 다음과 같이 StatelessWidget를 사용하도록 변경하자.

예제 3.2 StatelessWidget으로 변경한 카운터 데모 앱

```dart
import 'package:flutter/material.dart';

void main() => runApp(NewMyHomePage());

class NewMyHomePage extends StatelessWidget {
    int _counter = 0;

    void _incrementCounter() {
        _counter++;
        print('_incrementCounter : $_counter');
}

    @override
    Widget build(BuildContext context) {
        print('StatelessWidget TestApp build');
        return new MaterialApp(
```

```
            title: 'StatelessWidget Test App',
            home: Scaffold(
                appBar: AppBar(
                    title: Text('StatelessWidget Demo'),
                ),
                body: Center(
                    child: Column(
                        mainAxisAlignment: MainAxisAlignment.center,
                        children: <Widget>[
                            Text(
                                'You have clicked the button this many times:',
                            ),
                            Text(
                                '$_counter',
                                style: Theme.of(context).textTheme.display1,
                            ),
                        ],
                    ),
                ),
                floatingActionButton: FloatingActionButton(
                    onPressed: _incrementCounter,
                    tooltip: 'Increment',
                    child: Icon(Icons.add),
                ),
            ),
        );
    }
}
```

코드의 세부적인 의미는 일단 무시하고 작성한 코드를 실행시키면 다음과 같은 화면이 나타난다.

그림 3.5 카운터 데모 앱 실행 화면

이때 로그는 다음과 같다. build()가 실행된 것을 알 수 있다.

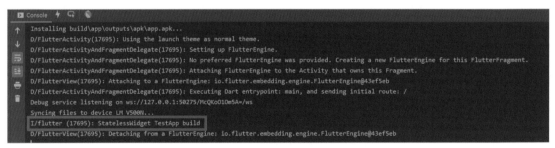

그림 3.6 앱 실행 시 로그

그 후 우측 하단의 + 버튼을 3번 누른 로그는 다음과 같다.

```
▶ Console  ↑  ↻  ◐
   I/ViewRootImpl(17695): ViewRoot's Touch Event : ACTION_DOWN
   I/ViewRootImpl(17695): ViewRoot's Touch Event : ACTION_UP
   I/flutter (17695): _incrementCounter : 1
   I/ViewRootImpl(17695): ViewRoot's Touch Event : ACTION_DOWN
   I/ViewRootImpl(17695): ViewRoot's Touch Event : ACTION_UP
   I/flutter (17695): _incrementCounter : 2
   I/ViewRootImpl(17695): ViewRoot's Touch Event : ACTION_DOWN
   I/ViewRootImpl(17695): ViewRoot's Touch Event : ACTION_UP
   I/flutter (17695): _incrementCounter : 3
```

그림 3.7 버튼을 눌렀을 때 로그

로그를 보면 _counter 변수의 값은 증가하고 있다. 하지만 실제 화면에는 변경된 값이 반영되지 않는다. build()를 다시 하지 않기 때문에 변경된 값으로 Text 위젯이 갱신되지 않는다. 이렇게 상태를 가지지 않아서 상태 변화를 알 수 없는 것이 StatelessWidget의 가장 큰 특징이다. 이러한 특징으로 인해 StatelessWidget은 상태 변경이 불필요한 화면 구성에 사용하기 적합하다.

## 3.3 StatefulWidget

앞서 살펴본 StatelessWidget은 상태(State)를 가지지 않은 위젯이다. 따라서 상태 변경을 감지하지 못하여 화면 구성에 어떤 변화도 주지 않는다. 이와 반대로 상태 변경을 감지하고 변경된 사항을 화면 구성에 실제로 반영할 수 있는 위젯이 바로 StatefulWidget이다.

StatefulWidget은 State 객체를 가지며 createState() 함수를 통해서 State 객체를 만든다. 이 객체는 변경이 가능하다는 특징을 지녔기 때문에 상태 변경에 대한 처리를 할 수 있다.

StatefulWidget를 살펴보기 위해 그림 3.4를 참고하여 기본 예제인 카운터 데모 앱을 생성한다. 아래 코드는 주석만 제거했다.

예제 3.3 기본 카운터 데모 앱

```dart
import 'package:flutter/material.dart';

void main() => runApp(MyApp());
```

```
class MyApp extends StatelessWidget {
    @override
    Widget build(BuildContext context) {
        return MaterialApp(
            title: 'Flutter Demo',
            theme: ThemeData(
                primarySwatch: Colors.blue,
            ),
            home: MyHomePage(title: 'Flutter Demo Home Page'),
        );
    }
}


class MyHomePage extends StatefulWidget { ①
    MyHomePage({Key key, this.title}) : super(key: key);
    final String title;

    @override
    _MyHomePageState createState() => _MyHomePageState();
}


class _MyHomePageState extends State<MyHomePage> { ②
    int _counter = 0;

    void _incrementCounter() {
        setState(() { ③
            _counter++;
        });
    }

    @override
    Widget build(BuildContext context) {

        return Scaffold(
            appBar: AppBar(

                title: Text(widget.title),
            ),
            body: Center(

                child: Column(
                    mainAxisAlignment: MainAxisAlignment.center,
```

```
                    children: <Widget>[
                        Text(
                            'You have pushed the button this many times:',
                        ),
                        Text(
                            '$_counter',
                            style: Theme.of(context).textTheme.display1,
                        ),
                    ],
                ),
            ),
            floatingActionButton: FloatingActionButton(
                onPressed: _incrementCounter,
                tooltip: 'Increment',
                child: Icon(Icons.add),
            ),
        );
    }
}
```

① : StatefulWidget인 MyHomePage는 createState()를 통해서 _MyHomePageState()라는 State 객체를 만든다. 이게 전부다.

② : 세부 내용의 의미는 일단 넘어간다. 간단히 말하면 State의 내용은 StatefulWidget의 동작과 레이아웃 등을 담고 있다. 실질적인 UI를 그리기 위한 위젯 트리(Widget Tree)를 구성하고 있는 것이다.

③ : 특별히 주목해야 하는 부분이 setState() 함수이다. setState() 함수는 build() 함수를 재호출하도록 한다. 따라서 변경된 상태를 위젯에 반영하여 화면이 갱신된다.

실행화면은 다음과 같다. 그림 3.5와의 차이는 변경된 숫자이다.

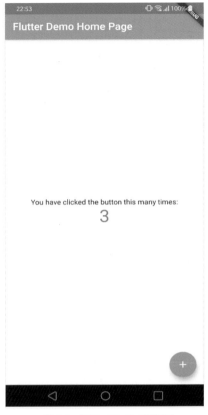

그림 3.8 카운터 데모 앱 실행화면

StatelessWidget과 다르게 StatefulWidget은 변경 가능하다. 실제 변경되는 것은 State 객체이다. 따라서 우측 하단의 버튼을 누르면 _counter의 변경된 값이 Text 위젯에 반영되는 것을 확인할 수 있다.

앞서 살펴본 내용에서 주요한 개념들을 정리하면 다음과 같다.

### 1) State

State는 기본적으로 다음의 특징을 가진다.

> ① 위젯이 빌드 완료된 후 읽을 수 있다. 따라서 build() 함수 호출 전에 State 설정이 되어야 한다.
> ② 위젯이 유효한 동안에 State는 변경될 수 있다.

State는 생성되면 BuildContext에 연결된다.

## 2) BuildContext

BuildContext는 위젯 트리에서 위젯의 위치에 대한 참조이다. 또한 하나의 BuildContext는 하나의 위젯만 가진다.

## 3) Widget Tree

위젯은 트리 구조로 구성되어 있다. 이것을 위젯 트리(Widget Tree)라고 한다. 앞선 카운터 데모 앱의 위젯 트리는 다음과 같다.

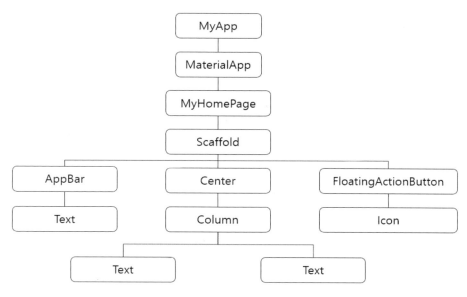

그림 3.9 카운터 데모 앱 위젯 트리

각 네모 박스가 모두 위젯이다. StatelessWidget인 MyApp도 위젯이고 StatefulWidget인 MyHomePage도 위젯이다. MyHomePage에서 생성된 State 객체인 _MyHomePageState에서 UI를 구성하는 모든 요소가 위젯이다.

또한 부모 위젯과 자식 위젯이라는 개념이 있다. 예를 들면 Scaffold의 속성으로 구성된 AppBar, Center, FloatingActionButton은 자식 위젯이고 자식 위젯을 포함하고 있는 Scaffold는 부모 위젯이다.

플러터는 세 가지 트리를 가진다. 앞서 말한 위젯 트리 외에 요소(Element), 렌더 객체(RenderObject) 트리가 있다.

- **위젯**: 요소의 구성(Configuration)을 기술하고 처리한다.
- **요소**: 트리의 특정 위치에서 위젯을 인스턴스화한다.
- **렌더 객체**: 크기, 레이아웃 등을 다루고 렌더링을 처리한다.

요소 트리의 개념을 보면 BuildContext와 유사한 부분이 있다. 바로 위치이다. BuildContext가 트리에서 위젯의 위치에 관한 참조인데 요소는 특정 위치에서 위젯을 인스턴스화한 것이다. 결국 요소를 참조하는 것이 Build-Context인 것이다. 더 쉽게는 BuildContext가 요소라고 생각하면 된다.

BuildContext를 위젯 트리에 도식화하면 다음과 같다. 컬러로 표시한 부분이 모두 하나의 BuildContext인 것이다. 그리고 각 BuildContext에 위젯이 존재한다. 즉 위젯이 인스턴스화된 상태이므로 이것은 곧 요소(Element)라고 볼 수 있다.

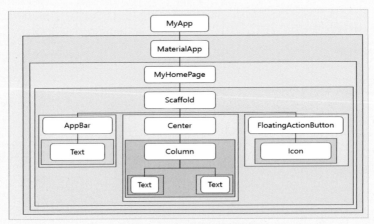

**그림 3.10 카운터 데모 앱 실행화면**

State가 생성되면 BuildContext에 연결되는데 이는 결국 BuildCotext에 위젯이 배치됨(인스턴스화)을 의미한다. 즉 State 생성 시 요소가 만들어진다는 것이다. 정리하자면 다음과 같은 순서가 된다.

State 생성 → 트리의 특정 위치를 참조하는 BuildContext 존재 → 해당 BuildContext에 연결 → 연결된 각 BuildContext에 위젯 배치(인스턴스화) → 요소(Element) 생성

# 3.4 ▶ StatefulWidget 생명주기

안드로이드 개발자라면 액티비티 생명주기를 알고 있을 것이다. 안드로이드에서 액티비티는 단순하게 말하자면 하나의 화면이다. 그리고 액티비티의 생명주기는 해당 화면이 처음 생성되고 보여지고 사라지는 등의 변화가 발생하는 일련의 과정을 의미한다.

이와 비슷한 개념이 플러터에도 존재한다. 단 StatelessWidget은 생명주기가 없고 State 객체를 생성하는 StatefulWidget만 생명주기를 가진다. 생명주기 관련 함수는 State 클래스에 정의되어 있다. 각 함수들이 어떤 의미이고 언제 어떤 순서로 호출되는지 알아보자.

우선 주요 함수들의 생명주기는 다음과 같이 도식화할 수 있다.

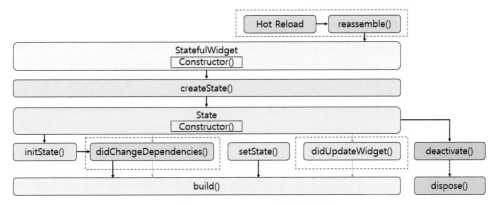

그림 3.11 StatefulWidget 주요 함수 호출

## 주요 함수

### 1) createState()

StatefulWidget 객체를 생성하면 당연히 생성자가 호출된다. 그 후 곧바로 createState()가 호출된다. StatefulWidget에서 필수적으로 오버라이드를 해야 하는 함수이다. 이 함수의 역할은 State 객체를 생성하는 일이다.

### 2) initState()

State 객체가 생성되면 State 객체의 생성자가 호출된다. 이렇게 위젯이 최초 생성되는 상황이면 initState()가 호출된다. 즉 처음 한 번만 호출되고 호출되지 않는다는 뜻이다.

### 3) didChangeDependencies()

initState()가 호출된 후에는 didChangeDependencies()가 호출된다. initState()는 최초 한 번만 호출된다

고 했다. 그러면 didChangeDependencies()도 한 번만 호출되는 걸까? 아니다. initState() 후에도 호출이 되지만 본질적으로는 해당 위젯이 의존하는 위젯이 변경되면 호출된다. 쉽게 말하자면 위젯 A가 위젯 B를 상속받았는데 위젯 B가 업데이트될 때 호출된다.

## 4) build()

build()를 통해서 위젯이 그려진다(render). State 클래스에서 반드시 오버라이딩이 되어야 하는 함수이다. 그렇지 않으면 에러로 알려준다. 위젯을 그려주는 역할을 하기 때문에 최초는 물론이고 변경이 있을 때마다 호출이 된다.

## 5) setState()

State 객체의 상태가 변경되었다는 것을 프레임워크에 알리는 용도이다. 따라서 State 객체의 상태가 변경될 때마다 setState() 함수를 통해서 알려야 한다. 그래야만 프레임워크가 build() 함수가 호출할 준비를 한다.

## 6) didUpdateWidget()

부모 위젯이 재빌드되어 위젯이 갱신될 때 호출된다. didUpdateWidget()이 호출된 후에는 항상 build() 를 호출한다. 따라서 만약 didUpdateWidget() 내에서 setState()를 호출하면 build()를 중복 호출하는 것이다.

## 7) deactivate()

트리에서 State 객체가 제거될 때마다 호출된다. 어떤 경우에는 프레임워크가 제거된 State 객체를 트리의 다른 부분에 다시 삽입하기도 한다. 이 경우에는 State 객체가 트리의 새로운 위치에 적응할 수 있는 기회를 주기 위해 build()를 호출한다.

## 8) dispose()

트리에서 State 객체가 영구적으로 제거될 때 호출된다. 영구적으로 제거되었기 때문에 build()가 다시 호출되지 않는다. 이미 State 객체가 폐기되었기 때문에 dispose()에서 setState()를 호출하면 안 된다.

## 9) reassemble()

hot reload를 실행하면 reassemble()이 호출되고, reassemble()이 호출되면 build()도 호출된다.

## 예제 살펴보기

다음 코드는 실제 함수들이 호출되는 것을 확인할 수 있는 예제이다. 코드의 의미는 일단 넘어가고 해당 예제를 실행할 때 발생하는 로그를 중심으로 생명주기를 확인한다.

예제 3.4 StatefulWidget 생명주기

```dart
import 'package:flutter/material.dart';

void main() => runApp(TestApp());

class TestApp extends StatelessWidget {
    TestApp() {
        print('TestApp()');
    }

    @override
    Widget build(BuildContext context) {
        print('build 0');
        return MaterialApp(
            title: 'StatefulWidget Lifecycle App',
            home: _FirstStatefulWidget(),
        );
    }
}

class _FirstStatefulWidget extends StatefulWidget {
    _FirstStatefulWidget() {
        print('_FirstStatefulWidget()');
    }

    @override
    State<StatefulWidget> createState() => _FirstStatefulWidgetState();
}

class _FirstStatefulWidgetState extends State<_FirstStatefulWidget> {
    int _counter;

    _FirstStatefulWidgetState() {
        print('_FirstStatefulWidgetState() ${this.mounted}');
    }

    @override
    Widget build(BuildContext context) {
        print('build() 1 ${this.mounted}');
        return Scaffold(
            appBar: AppBar(title: Text('(1) StatefulWidget Lifecycle')),
            body: Column(
```

```
                    children: <Widget>[
                        RaisedButton(
                            child: Text('Go Next'),
                            onPressed: () {
                                Navigator.of(context)
                                        .push(MaterialPageRoute(builder: (context) {
                                    return _SecondStatefulWidget();
                                }));
                            }),
                        RaisedButton(
                            child: Text('Counter'),
                            onPressed: () {
                                _onClick();
                            }),
                        Row(
                            children: <Widget>[
                                Text('$_counter'),
                            ],
                            mainAxisAlignment: MainAxisAlignment.center,
                        )
                    ],
                ),
        );
    }

    @override
    void initState() {
        print('initState() 1');
        super.initState();
        _counter = 0;
    }

    @override
    void reassemble() {
        print('reassemble() 1');
        super.reassemble();
    }

    @override
    void didChangeDependencies() {
        print('didChangeDependencies() 1');
        super.didChangeDependencies();
```

```
        }

        @override
        void dispose() {
            print('dispose() 1');
            super.dispose();
        }

        @override
        void deactivate() {
            print('deactivate() 1');
            super.deactivate();
        }

        @override
        void didUpdateWidget(_FirstStatefulWidget oldWidget) {
            print('didUpdateWidget() 1');
            super.didUpdateWidget(oldWidget);
        }

        void _onClick() {
            print('onClick() 1');
            if (this.mounted) {
                setState(() {
                    print('setState() 1');
                    _counter++;
                });
            }
        }
    }

class _SecondStatefulWidget extends StatefulWidget {
    _SecondStatefulWidget() {
        print('_SecondStatefulWidget()');
    }

    @override
    State<StatefulWidget> createState() => _SecondStatefulWidgetState();
}

class _SecondStatefulWidgetState extends State<_SecondStatefulWidget> {
    int _counter;
```

```dart
  _SecondStatefulWidgetState() {
    print('_SecondStatefulWidgetState() ${this.mounted}');
  }

  @override
  Widget build(BuildContext context) {
    print('build() 2 ${this.mounted}');
    return Scaffold(
      appBar: AppBar(title: Text('(2) StatefulWidget Lifecycle')),
      body: Column(
        children: <Widget>[
          RaisedButton(
            child: Text('Go Back'),
            onPressed: () {
              Navigator.of(context).pop();
            }),
          RaisedButton(
            child: Text('Counter'),
            onPressed: () {
              _onClick();
            }),
          Row(
            children: <Widget>[
              Text('$_counter'),
            ],
            mainAxisAlignment: MainAxisAlignment.center,
          )
        ],
      ),
    );
  }

  @override
  void initState() {
    print('initState() 2');
    super.initState();
    _counter = 0;
  }

  @override
  void reassemble() {
    print('reassemble() 2');
    super.reassemble();
```

```
    }

    @override
    void didChangeDependencies() {
        print('didChangeDependencies() 2');
        super.didChangeDependencies();
    }

    @override
    void dispose() {
        print('dispose() 2');
        super.dispose();
    }

    @override
    void deactivate() {
        print('deactivate() 2');
        super.deactivate();
    }

    @override
    void didUpdateWidget(_SecondStatefulWidget oldWidget) {
        print('didUpdateWidget() 2');
        super.didUpdateWidget(oldWidget);
    }

    void _onClick() {
        print('onClick() 2');
        if (this.mounted) {
            setState(() {
                print('setState() 2');
                _counter++;
            });
        }
    }
}
```

예제 3.4는 카운팅을 하는 간단한 앱이다. 처음 실행하면 그림 3.12의 좌측 화면이 나타나고 Counter 버튼을 누르면 우측 화면과 같이 숫자가 증가한다(이 화면은 Counter 버튼을 세 번 눌러서 3이 표시되었다).

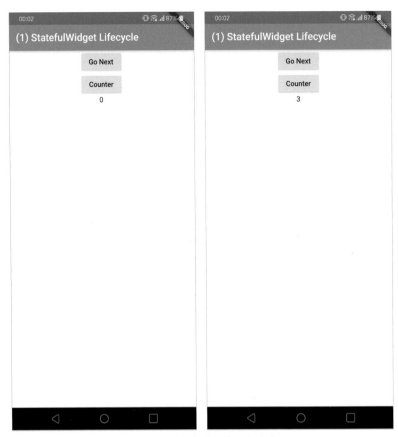

그림 3.12 카운터 데모 앱 동작 화면

처음 앱을 실행하면 볼 수 있는 로그는 다음과 같다.

```
I/flutter (31695): TestApp()
I/flutter (31695): build 0
I/flutter (31695): _FirstStatefulWidget()
I/flutter (31695): _FirstStatefulWidgetState() false
I/flutter (31695): initState() 1
I/flutter (31695): didChangeDependencies() 1
I/flutter (31695): build() 1 true
```

main()에서 처음 실행되는 StatelessWidget인 TestApp 생성자가 만들어지고 해당 위젯의 build() 함수가 호출된다. build()에서 _FirstStatefulWidget()을 MaterialApp의 home 속성으로 사용 중이다. 따라서 _FirstStatefulWidget()의 생성자가 호출된다. 이때부터 StatefulWidget의 생명주기에 관련된 함수의 로그를 확인할 수 있다. 앞서 봤던 생명주기 도식화를 상기하면서 로그를 보면 도움이 된다.

먼저 StatefulWidget인 _FirstStatefulWidget()의 생성자 로그가 보인다. 그러면 createState()가 호출될 것이고 State 객체가 만들어지면서 _FirstStatefulWidgetState()의 생성자 로그가 나타난다. 처음 State 객체가 만

들어진 상황이기 때문에 initState()가 호출된다. initState()가 호출된 다음에는 didChangeDependecies()가 호출된다. 그 후 State 객체의 build()가 호출된다. 주요 함수에서 살펴보았던 순서와 동일하게 로그가 찍힌 것을 알 수 있다.

Counter 버튼을 한 번 누르면 다음과 같은 로그가 나타난다.

```
I/ViewRootImpl(31695): ViewRoot's Touch Event : ACTION_DOWN
I/ViewRootImpl(31695): ViewRoot's Touch Event : ACTION_UP
I/flutter (31695): onClick() 1
I/flutter (31695): setState() 1
I/flutter (31695): build() 1 true
```

_counter 변수의 값이 변경된 것을 반영하기 위해서 setState()를 호출한다. 그러면 build() 함수가 호출되어 실제로 변경된 값이 위젯에 반영된다.

Go Next 버튼은 다른 화면으로 넘어가는 동작을 한다. 다음과 같이 Next 대신 Back 버튼이 있고 AppBar의 타이틀이 다른 화면이 나온다. 처음 화면과 동일하게 카운팅만 한다.

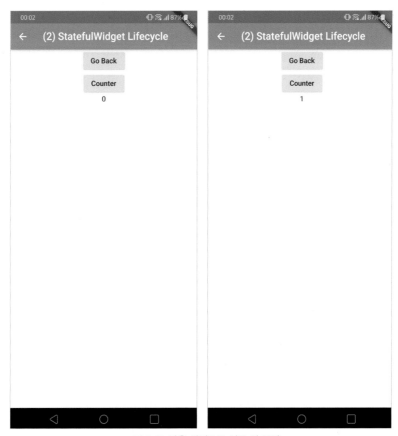

그림 3.13 다음 화면으로 이동 및 동작

Go Next를 눌러서 화면 이동했을 때 로그는 다음과 같다.

```
I/ViewRootImpl(31695): ViewRoot's Touch Event : ACTION_DOWN
I/ViewRootImpl(31695): ViewRoot's Touch Event : ACTION_UP
I/flutter (31695): _SecondStatefulWidget()
I/flutter (31695): _SecondStatefulWidgetState() false
I/flutter (31695): initState() 2
I/flutter (31695): didChangeDependencies() 2
I/flutter (31695): build() 2 true // 여기까지 동일
I/flutter (31695): deactivate() 1
I/flutter (31695): build() 1 true
```

새로운 StatefulWidget인 _SecondStateWidget()이 생성되면서 State 객체도 만든다. 처음 화면과 동일하게 initState(), didChangeDependencies(), build()까지 호출되었다. 그 후에 deactivate()가 호출되었다. deactivate() 1은 첫 번째 화면의 deactivate()의 로그로, _FirstStateWidgetState 객체가 트리에서 제거되었다는 의미이다. 그러나 바로 다음에 build() 1이라는 로그가 있다. build()가 호출되었다는 것은 State 객체를 트리의 다른 어딘가에 다시 삽입한다는 것이다. 즉 완전히 제거된 것이 아니다.

이때 Go Back을 눌러보자. 그러면 다음과 같은 로그가 나타난다.

```
I/ViewRootImpl(31695): ViewRoot's Touch Event : ACTION_DOWN
I/ViewRootImpl(31695): ViewRoot's Touch Event : ACTION_UP
I/flutter (31695): deactivate() 1
I/flutter (31695): build() 1 true
I/flutter (31695): deactivate() 2
I/flutter (31695): dispose() 2
```

두 번째 화면으로 넘어갈 때 deactivate()된 후 어딘가에 다시 삽입된 _FirstStateWidgetState 객체가 다시 deactivate()된 후 재삽입되어 build()되었다. 이때는 다음과 같이 현재 보고 있는 화면을 위한 트리에 재삽입된 경우일 것이다.

Go Back으로 되돌아간 첫 번째 화면은 그림 3.12의 우측 화면과 같다. 이는 State가 완전히 폐기된 것이 아님을 의미한다. 따라서 _counter 값이 3으로 그대로 유지되고 있는 것이다.

그러나 _SecondStateWidgetState 객체는 deactivate()된 후 dispose()까지 되었다. 이 경우는 State 객체가 트리에서 영구적으로 제거된 것이기 때문에 다시 Go Next로 이동하면 새롭게 State가 생성된다. 따라서 _counter의 값도 유지되지 않고 다음과 같이 초깃값을 가진다.

그림 3.13의 좌측과 같이 _SecondStateWidget을 처음 생성했을 때와 완전히 동일하게 새로운 객체를 생성하는 것을 로그를 통해서 확인할 수 있다.

```
I/ViewRootImpl(31695): ViewRoot's Touch Event : ACTION_DOWN
I/ViewRootImpl(31695): ViewRoot's Touch Event : ACTION_UP
I/flutter (31695): _SecondStatefulWidget()
I/flutter (31695): _SecondStatefulWidgetState() false
I/flutter (31695): initState() 2
I/flutter (31695): didChangeDependencies() 2
I/flutter (31695): build() 2 true
I/flutter (31695): deactivate() 1
I/flutter (31695): build() 1 true
```

다시 첫 번째 화면으로 돌아와서 hot reload를 실행해보자. 이때 로그는 다음과 같다.

```
Initializing hot reload...
I/flutter (31695): reassemble() 1
I/flutter (31695): build 0
I/flutter (31695): _FirstStatefulWidget()
I/flutter (31695): didUpdateWidget() 1
I/flutter (31695): build() 1 true
```

hot reload 시에는 reassemble()이 호출되고 StatelessWidget인 TestApp이 build 된다. 그 후 _FirstStateWidget 생성자가 호출된다. 그러나 _FirstStateWidgetState 객체를 새롭게 만들지는 않는다. 이때는 부모 위젯인 TestApp이 재빌드된 경우이기 때문에 _FirstStateWidgetState 객체에서는 didUpdateWidget()가 호출된 후 build()가 된다.

참고로 두 번째 화면에서 hot reload를 할 때의 로그는 다음과 같다.

```
Initializing hot reload...
I/flutter (31695): reassemble() 1
I/flutter (31695): build 0
I/flutter (31695): _FirstStatefulWidget()
I/flutter (31695): didUpdateWidget() 1
I/flutter (31695): build() 1 true
I/flutter (31695): _SecondStatefulWidget()
I/flutter (31695): didUpdateWidget() 2
I/flutter (31695): build() 2 true
```

플러터에서 제공하는 위젯은 매우 다양하다 보니 모든 위젯을 다룰 수는 없다.

따라서 이 챕터에서는 많은 앱에서 사용되며 기본 UI를 구성할 수 있는 위젯을 중심으로 살펴본다.

이 위젯들을 학습하고 나면 추후 필요한 위젯은 스스로 찾아서 사용할 수 있게 될 것이다.

# Chapter. 04
# 화면표시 위젯

우리가 사용하는 앱을 생각해보면 여러 가지 정보를 제공하고 사용자와 상호 작용을 한다. 정보는 문자, 그림 등과 같은 형태이며 버튼 등을 터치하여 상호 작용한다. 이 장에서는 이러한 역할을 하는 위젯들을 살펴볼 것이다.

## 4.1 Text, Image

Text와 Image 위젯은 UI를 구성하는 데 가장 기본적인 문자와 그림을 표현하는 위젯이다.

Text 위젯은 text.dart 내에서 다음과 같은 생성자를 가지고 있다. 지면상 모든 인자를 살펴볼 수는 없다. 따라서 여기서는 주요 인자만 살펴본다. 추가적으로 필요한 부분은 공식 문서 또는 text.dart 내 설명을 참고하면 된다.

```
const Text(
    this.data, {
    Key key,
    this.style,
    this.strutStyle,
    this.textAlign,
    this.textDirection,
    this.locale,
    this.softWrap,
    this.overflow,
    this.textScaleFactor,
    this.maxLines,
    this.semanticsLabel,
    this.textWidthBasis,
  })
```

사실 앞선 예제들에서 Text 위젯을 이미 사용했다. appBar title이 가장 대표적이다. 다음 예제에서 다시 한번 살펴보자.

예제 4.1 Text 위젯 사용

```
import 'package:flutter/material.dart';

void main() => runApp(new WidgetDemo());

class WidgetDemo extends StatelessWidget {
```

```
    @override
    Widget build(BuildContext context) {
        return new MaterialApp(
            title: 'Flutter Demo App',
            home: new Scaffold(
                appBar: new AppBar(
                    title: const Text('Text Demo'), ①
                ),
                body: Center(
                    child: Text('This is Text.'), ②
                ),
            ),
        );
    }
}
```

① : appBar의 title에서 Text 위젯을 사용하여 'Text Demo'라는 문자를 출력하고 있다.

② : Scaffold 위젯이 body에서 'This is Text.'라는 문자 출력을 위해 Text 위젯을 사용하였다.

실행 화면은 다음과 같다.

그림 4.1 Text 출력 화면

다음으로 Image 위젯은 그림이나 사진 파일을 화면에 출력하는 위젯이다. 이미지를 출력하는 방법은 여러 가지가 있다. 그중 가장 간단하고 직관적인 방법으로는 assets 폴더에 이미지 파일을 넣고 해당 파일을 호출하는 것이다.

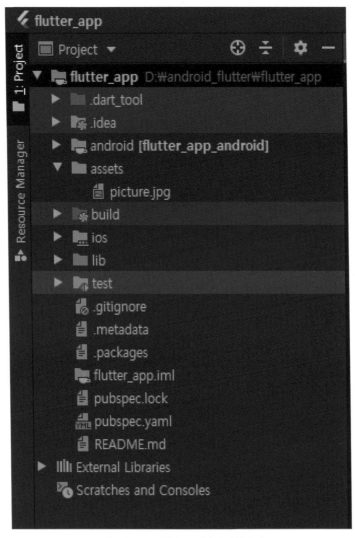

그림 4.2 assets 폴더 및 이미지 파일 추가

그림 4.2와 같이 assets 폴더를 만들고 해당 폴더에 picture.jpg 파일을 추가한다. 그리고 반드시 해야 할 작업이 있다. pubspec.yaml에 다음과 같이 assets 경로를 추가해야 한다. 참고로 assets/picture.jpg와 같이 개별적으로 지정할 수도 있다.

```
flutter:
    assets:
        - assets/
```

이제 이미지를 불러올 준비는 끝났다. 아래의 코드는 예제 4.1을 그대로 사용하되 Text 위젯 대신 Image 위젯을 사용한 코드이다.

예제 4.2 Image 위젯 사용

```
import 'package:flutter/material.dart';

void main() => runApp(new WidgetDemo());

class WidgetDemo extends StatelessWidget {
    @override
    Widget build(BuildContext context) {
        return new MaterialApp(
            title: 'Flutter Demo App',
            home: new Scaffold(
                appBar: new AppBar(
                    title: const Text('Image Demo'),
                ),
                body: Center(
                    child: Image.asset('assets/picture.jpg') ①
                ),
            ),
        );
    }
}
```

① : Image.asset()은 assets에 있는 이미지를 불러오는 함수이다.

실행 화면은 다음과 같다.

그림 4.3 Image 출력 화면

플러터에서는 기본 아이콘을 Icons 클래스에서 제공한다. 약 1,000개의 아이콘을 제공하니 필요한 아이콘을 찾아서 사용하면 된다.

예제 4.3 Icon 위젯 사용

```
import 'package:flutter/material.dart';

void main() => runApp(new WidgetDemo());

class WidgetDemo extends StatelessWidget {
    @override
    Widget build(BuildContext context) {
        return new MaterialApp(
            title: 'Flutter Demo App',
            home: new Scaffold(
                appBar: new AppBar(
                    title: const Text('Icon Demo'),
                ),
                body: Row(
                    mainAxisAlignment: MainAxisAlignment.center,
                    crossAxisAlignment: CrossAxisAlignment.stretch,
                    children: const <Widget>[
                        Icon(
                            Icons.favorite, ①
                            color: Colors.pink, ②
                            size: 30.0, ③
                        ),
                        Icon(
                            Icons.access_alarm,
                            color: Colors.blue,
                            size: 30.0,
                        ),
                    ],
                ),
            ),
        );
    }
}
```

① : Icons 클래스에 정의되어 있는 IconData를 첫 번째 인자로 넘겨준다.

② : 아이콘의 색상을 지정한다.

③ : 아이콘의 크기를 지정한다.

실행 화면은 다음과 같다.

그림 4.4 Icon 실행 화면

**TextField**

문자를 출력하기 위해서 Text 위젯을 사용했다. 반대로 문자를 입력받기 위해서는 TextField를 사용한다.

예제 4.4 TextField 위젯 사용
_____

```
import 'package:flutter/material.dart';

void main() => runApp(new WidgetDemo());
```

```
class WidgetDemo extends StatelessWidget {
    @override
    Widget build(BuildContext context) {
        return new MaterialApp(
            title: 'Flutter Demo App',
            home: new Scaffold(
                appBar: new AppBar(
                    title: const Text('TextField Demo'),
                ),
                body: Center(
                    child: Column(
                        mainAxisAlignment: MainAxisAlignment.center,
                        children: <Widget>[
                            Text('You can input text.'),
                            TextField(), ①
                            TextField( ②
                                decoration: InputDecoration(
                                    labelText: 'Input Name',
                                    helperText: 'Korean language support',
                                ),
                            ),
                        ],
                    ),
                ),
            ),
        );
    }
}
```

① : 가장 기본 형태로 밑줄만 표시된다. 해당 부분을 터치하면 키보드가 나타나서 글자 입력이 가능하다.

② : TextField()의 decoration 매개변수를 통해서 TextField 위젯을 다양하게 꾸밀 수 있다. decoration의 타입은 InputDecoration이다. 따라서 InputDecoration 객체를 생성해서 넘겨준다. 객체 생성 시 labelText와 helperText를 설정해 주었다.

해당 매개변수를 설정한 결과는 다음 그림 4.5와 같다.

그림 4.5 TextField 실행 화면

첫 번째 밑줄만 있는 것은 기본 형태의 TextField이다. 다음으로 decoration을 적용한 TextField에서 labelText는 밑줄 위에 제목과 같은 형태로 나타난다. helperText는 밑줄 아래에 부가 설명의 형태이다.

## 4.4 Button

버튼은 앱과 사용자가 상호 작용을 하는 가장 대표적인 위젯이다. 플러터는 자체적으로 다양한 종류의 버튼을 지원하는데 그중에서 자주 사용되는 버튼들을 살펴보자.

## 1. FlatButton

가장 기본적인 형태의 버튼이다. 모든 버튼은 활성/비활성 상태가 있다. 비활성 상태는 터치 동작에 반응하지 않는 상태이다. onPressed 또는 onLongPress의 콜백을 null로 지정하면 버튼은 비활성화된다. 또한 각 상태에 따라 색상을 다르게 지정하여 시각적으로 현재 상태를 표현할 수 있다.

예제 4.5 FlatButton 위젯 사용

```dart
import 'package:flutter/material.dart';

void main() => runApp(new WidgetDemo());

class WidgetDemo extends StatelessWidget {
    @override
    Widget build(BuildContext context) {
        return new MaterialApp(
            title: 'Flutter Demo App',
            home: new Scaffold(
                appBar: new AppBar(
                    title: const Text('FlatButton Demo'),
                ),
                body: Center(
                    child: FlatButton(
                        onPressed: () { ①
                            /*do something...*/
                        },
                        child: Text( ②
                            'Flat Button',
                            style: TextStyle(fontSize: 20.0),
                        ),
                        color: Colors.lightBlue, ③
                        textColor: Colors.white, ④
                    ),
                ),
            ),
        );
    }
}
```

① : 버튼을 터치했을 때 실행할 함수를 정의하는 부분이다. 만약 onPressed: null 로 지정하면 버튼은 비활성화 상태가 되어 터치가 불가능하다. 이것은 모든 버튼 위젯에 해당된다.

② : 버튼에 표시될 글자를 지정한다. Text 위젯을 사용하기 때문에 style 등도 자유롭게 지정할 수 있다.

③ : 버튼의 색상을 지정한다.

④ : 버튼에 표시된 글자의 색상을 지정한다.

실행 화면은 다음과 같다.

그림 4.6 FlatButton 위젯 실행 화면

## 2. OutlineButton

FlatButton과 유사한 형태이나 테두리가 있다는 차이가 있는 버튼이다.

예제 4.6 OutlineButton 위젯 사용

```dart
import 'package:flutter/material.dart';

void main() => runApp(new WidgetDemo());

class WidgetDemo extends StatelessWidget {
```

```
@override
Widget build(BuildContext context) {
    return new MaterialApp(
        title: 'Flutter Demo App',
        home: new Scaffold(
            appBar: new AppBar(
                title: const Text('OutlineButton Demo'),
            ),
            body: Center(
                child: OutlineButton(
                    onPressed: () {
                        /* do something...*/
                    },
                    child: Text( ①
                        'OutlineButton Button',
                        style: TextStyle(fontSize: 20.0),
                    ),
                    borderSide: BorderSide( ②
                        color: Colors.lightBlue,
                        width: 2.0,
                        style: BorderStyle.solid,
                    ),
                    textColor: Colors.black, ③
                ),
            ),
        ),
    );
}
}
```

① : 버튼에 표시될 글자를 지정한다. Text 위젯을 사용하기 때문에 style 등도 자유롭게 지정할 수 있다.

② : 버튼의 테두리에 대한 설정이다. 색상, 선 굵기, 테두리 표시 유무를 지정할 수 있다.

③ : 버튼에 표시된 글자의 색상을 지정한다.

실행 화면은 다음과 같다.

그림 4.7 OutlineButton 위젯 실행 화면

## 3. RaisedButton

그림자를 가지는 것이 특징인 버튼이다. 기본적인 매개변수는 다른 버튼과 비슷하나 그림자에 관련된
elevation이라는 매개변수가 있다.

예제 4.7 RaisedButton 위젯 사용

```dart
import 'package:flutter/material.dart';

void main() => runApp(new WidgetDemo());

class WidgetDemo extends StatelessWidget {
    @override
```

```
Widget build(BuildContext context) {
    return new MaterialApp(
        title: 'Flutter Demo App',
        home: new Scaffold(
            appBar: new AppBar(
                title: const Text('RaisedButton Demo'),
            ),
            body: Center(
                child: RaisedButton(
                    onPressed: () {
                        /* do something...*/
                    },
                    child: const Text(
                        'RaisedButton',
                        style: TextStyle(fontSize: 20)
                    ),
                    color: Colors.lightBlue,
                    textColor: Colors.white,
                    elevation: 20.0, ①
                ),
            ),
        ),
    );
}
}
```

---

① : 그림자의 크기를 지정할 수 있는 부분이다. 기본값은 2이다.

실행 화면은 다음과 같다.

그림 4.8 RaisedButton 위젯 실행 화면

버튼의 우측과 하단에 그림자가 존재하는 것을 볼 수 있다.

## 4. DropdownButton

DropdownButton은 안드로이드에서는 spinner라고 하며 iOS의 PickerView라고 한다. 선택 시 항목이 펼쳐지면서 여러 항목 중 하나를 선택할 수 있는 위젯이다.

예제 4.8 DropdownButton 위젯 사용

```
import 'package:flutter/material.dart';

void main() => runApp(new WidgetDemo());

class WidgetDemo extends StatefulWidget {
    @override
```

```
    State<StatefulWidget> createState() => WidgetDemoState();
}


class WidgetDemoState extends State<WidgetDemo> {
    String dropdownValue = 'Apple';

    @override
    Widget build(BuildContext context) {
        return new MaterialApp(
            title: 'Flutter Demo App',
            home: new Scaffold(
                appBar: new AppBar(
                    title: const Text('DropdownButton Demo'),
                ),
                body: Center(
                    child: DropdownButton<String>(
                        value: dropdownValue,
                        icon: Icon(Icons.arrow_drop_down),
                        iconSize: 24,
                        elevation: 8, ①
                        style: TextStyle(color: Colors.blue),
                        underline: Container( ②
                            height: 2,
                            color: Colors.cyan,
                        ),
                        onChanged: (String newValue) {
                            setState(() {
                                dropdownValue = newValue;
                            });
                        },
                        items: <String>['Apple', 'Banana', 'Coconut'] ③
                                .map<DropdownMenuItem<String>>((String value) {
                            return DropdownMenuItem<String>(
                                value: value,
                                child: Text(value),
                            );
                        }).toList(),
                    ),
                ),
            ),
        );
    }
}
```

① : DropdownButton 선택 시 항목들이 펼쳐질 때 그림자 폭을 지정한다.

② : DropdownButton에 밑줄을 설정한다.

③ : items 매개변수에는 toList()를 통해서 최종적으로 리스트를 넘겨준다. 이때 Apple, Banana, Coconut이라는 3개의 문자를 가진 리스트를 map() 메서드를 통해서 3개의 DropdownMenuItem의 인스턴스로 변환한다. map(value)에서 value로 Apple, Banana, Coconut이 하나씩 전달되는 것이다.

실행 화면은 다음과 같다.

그림 4.9 DropdownButton 위젯 실행 화면

## 5. FloatingActionButton

앞서 카운터 데모 앱에서 카운팅을 위해 터치한 버튼이 바로 FloatingActionButton 위젯이다.

**예제 4.9** FloatingActionButton 위젯 사용

```dart
import 'package:flutter/material.dart';

void main() => runApp(new WidgetDemo());

class WidgetDemo extends StatefulWidget {
    @override
    State<StatefulWidget> createState() => WidgetDemoState();
}

class WidgetDemoState extends State<WidgetDemo> {
    String dropdownValue = 'Apple';

    @override
    Widget build(BuildContext context) {
        return new MaterialApp(
            title: 'Flutter Demo App',
            home: new Scaffold(
                appBar: new AppBar(
                    title: const Text('FloatingActionButton Demo'),
                ),
                body: Center(
                    child: const Text('Press the button to add a photo.'),
                ),
                floatingActionButton: FloatingActionButton(
                    onPressed: () {
                        // do something
                    },
                    child: Icon(Icons.add_a_photo), ①
                    backgroundColor: Colors.blue, ②
                ),
            ),
        );
    }
}
```

① : 버튼에 표시되는 아이콘의 종류를 선택할 수 있다.

② : 버튼의 색상을 지정한다.

실행 화면은 다음과 같다.

그림 4.10 FloatingActionButton 위젯 실행 화면

## 6. PopupMenuButton

안드로이드에는 액션바에 세 점으로 이루어진 메뉴 버튼이 있는데 이를 오버플로우 메뉴라고 한다. 그리고 이와 동일한 것이 PopupMenuButton 위젯이다. 이 위젯은 펼쳤을 때는 DropdownButton과 비슷한 형태이다. 하지만 DropdownButton과 다르게 버튼이 선택한 메뉴의 텍스트로 변경되지는 않는다.

예제 4.10 PopupMenuButton 위젯 사용

```
import 'package:flutter/material.dart';

enum RGB { red, green, blue } ①

void main() => runApp(new WidgetDemo());
```

```dart
class WidgetDemo extends StatefulWidget {
    @override
    State<StatefulWidget> createState() => WidgetDemoState();
}


class WidgetDemoState extends State<WidgetDemo> {
    RGB _selection = RGB.red; ②

    @override
    Widget build(BuildContext context) {
        return new MaterialApp(
            title: 'Flutter Demo App',
            home: new Scaffold(
                appBar: new AppBar(
                    title: const Text('PopupMenuButton Demo'),
                ),
                body: Center(
                    child: PopupMenuButton<RGB>(
                        onSelected: (RGB result) { ③
                            setState(() {
                                _selection = result;
                            });
                        },
                        itemBuilder: (BuildContext context) =>
                          <PopupMenuEntry<RGB>>[ ④
                          const PopupMenuItem<RGB>(
                              value: RGB.red, ⑤
                              child: Text('Red'), ⑥
                            ),
                            const PopupMenuItem<RGB>(
                                value: RGB.green,
                                child: Text('Green'),
                            ),
                            const PopupMenuItem<RGB>(
                                value: RGB.blue,
                                child: Text('Blue'),
                            ),
                        ],
                    ),
                ),
            ),
        );
    }
```

```
}
```

① : 메뉴에 사용될 항목을 위한 값이다.

② : 선택한 메뉴가 무엇인지 판별하기 위한 변수이다.

③ : 메뉴 선택 시 해당 메뉴의 값을 _selection 변수에 할당한다. 어떤 메뉴를 선택했는지 알기 위해서
   이다.

④ : itemBuilder는 메뉴의 항목을 지정하는 부분이다. 3개의 항목을 지정했다.

⑤ : 메뉴 항목의 값을 설정한다.

⑥ : 메뉴 항목의 텍스트를 지정한다.

실행 화면은 다음과 같다.

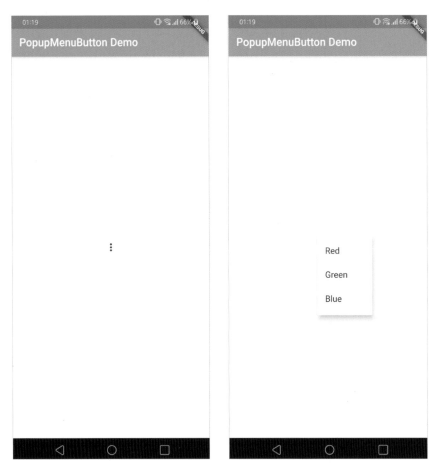

그림 4.11 PopupMenuItem 위젯 실행 화면

## 7. IconButton

아이콘 형태의 버튼을 만드는 위젯이다. 일반 버튼이 텍스트 위주라면 IconButton은 이미지를 사용해 직

관적으로 표현하는 버튼이다.

예제 4.11 IconButton 위젯 사용

```
import 'package:flutter/material.dart';

void main() => runApp(new WidgetDemo());

class WidgetDemo extends StatefulWidget {
    @override
    State<StatefulWidget> createState() => WidgetDemoState();
}

class WidgetDemoState extends State<WidgetDemo> {
    int _number = 0;

    @override
    Widget build(BuildContext context) {
        return new MaterialApp(
            title: 'Flutter Demo App',
            home: new Scaffold(
                appBar: new AppBar(
                    title: const Text('IconButton Demo'),
                ),
                body: Center(
                    child: Column(
                        mainAxisSize: MainAxisSize.min,
                        children: <Widget>[
                            IconButton(
                                icon: Icon(Icons.add_box), ①
                                iconSize: 30.0, ②
                                color: Colors.lightBlue, ③
                                tooltip: 'Add 1', ④
                                onPressed: () {
                                    setState(() {
                                        _number += 1; ⑤
                                    });
                                },
                            ),
                            Text('Number : $_number')
                        ],
                    )),
                ),
            );
```

```
    }
}
```

① : 버튼의 아이콘을 설정할 수 있다. 다양한 아이콘이 Icons 클래스에 내장되어 있다.

② : 아이콘의 크기를 지정한다.

③ : 아이콘의 색상을 지정한다.

④ : 아이콘을 길게 눌렀을 때 표시되는 툴팁을 지정한다.

⑤ : 아이콘 터치 시 _number 변수의 값을 증가하여 Text 위젯에 표시되는 숫자를 증가시킨다.

실행 화면은 다음과 같다.

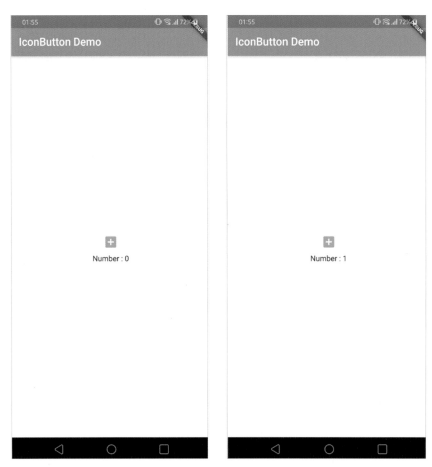

그림 4.12 IconButton 위젯 실행 화면

좌측이 처음 실행한 화면이고 우측이 IconButton을 한 번 터치했을 때의 화면이다.

# Checkbox, Switch

Checkbox는 어떤 항목을 하나 또는 여러 개 선택할 때 사용할 수 있는 위젯이다.

예제 4.12 Checkbox 위젯 사용

```
Import 'package:flutter/material.dart';

void main() => runApp(new _CheckboxDemo());

class _CheckboxDemo extends StatefulWidget {
    @override
    State<StatefulWidget> createState() => _CheckboxDemoState();

}

class _CheckboxDemoState extends State<_CheckboxDemo> {
    var _isChecked = false; ①
    @override
    Widget build(BuildContext context) {
        return new MaterialApp(
            title: 'Flutter Demo App',
            home: new Scaffold(
                appBar: new AppBar(
                    title: const Text('Checkbox Demo'),
                ),
                body: Center(
                    child: Checkbox( ④
                        value: _isChecked, ②
                        onChanged: (value) { ③
                            setState(() {
                                _isChecked = value;
                            });
                        },
                    )
                ),
            ),
        );
    }
}
```

① : Checkbox의 체크 유무를 나타내기 위한 변수이다. False로 초기화하여 체크가 되지 않도록 한다.

② : 체크 유무를 위한 변수를 Checkbox 위젯의 value 인자값으로 준다.

③ : Checkbox를 터치하여 체크 유무가 변경될 때 onChanged가 호출된다. 즉 Checkbox의 상태가 변한 것이기 때문에 setState()를 사용하여 화면을 갱신한다. Checkbox 상태가 변경되면 해당 상태에 대한 값이 value에 전달된다. 따라서 변경된 상태를 _isChecked에 할당한 후 갱신하면 ②를 통해서 변경된 값을 기준으로 체크 상태가 표시된다.

실행 화면은 다음과 같다.

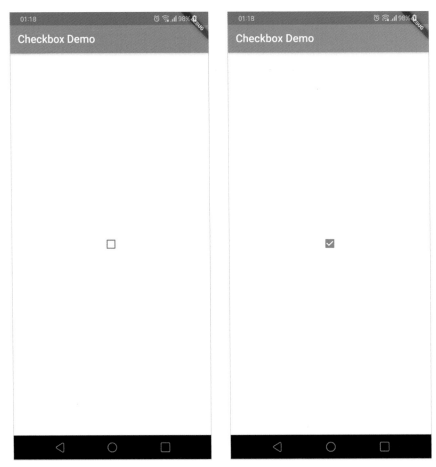

그림 4.13 Checkbox 위젯 실행 화면

Switch의 사용법은 Checkbox와 같다. 따라서 다음과 같이 예제 4.12의 ④에서 Checkbox를 Switch로만 변경하면 된다.

```
…
child: Switch(
  value: _isChecked,
  onChanged: (value) {
    setState(() {
      _isChecked = value;
    });
  },
)
…
```

Swtich의 상태가 false일 때는 off된 상태이고 터치하면 on된다.

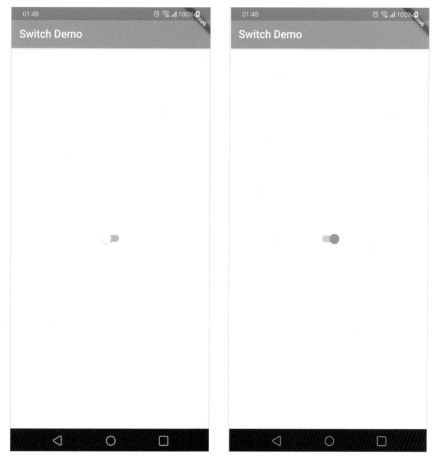

그림 4.14 Switch 위젯 실행 화면

Radio는 웹사이트 등에서 예로부터 사용된 UI이다. 여러 항목 중 하나를 선택하는 컴포넌트이다. 플러터의 Radio 위젯도 그와 동일하다.

예제 4.13 Radio 위젯 사용

```dart
import 'package:flutter/material.dart';

void main() => runApp(new _SwitchDemo());

enum Fruit { APPLE, BANANA }

class _SwitchDemo extends StatefulWidget {
    @override
    State<StatefulWidget> createState() => _SwitchDemoState();
}

class _SwitchDemoState extends State<_SwitchDemo> {
    Fruit _fruit = Fruit.APPLE; ①

    @override
    Widget build(BuildContext context) {
        return new MaterialApp(
            title: 'Flutter Demo App',
            home: new Scaffold(
                appBar: new AppBar(
                    title: const Text('Radio Demo'),
                ),
                body: Center(
                    child: Column(
                        mainAxisAlignment: MainAxisAlignment.center,
                        children: <Widget>[
                            ListTile( ②
                                title: Text('사과'), ③
                                leading: Radio(
                                    value: Fruit.APPLE, ④
                                    groupValue: _fruit, ⑤
                                    onChanged: (value) { ⑥
                                        setState(() {
                                            _fruit = value;
```

```
                                       });
                                },
                            ),
                        ),
                        ListTile(
                            title: Text('바나나'),
                            leading: Radio(
                                value: Fruit.BANANA,
                                groupValue: _fruit,
                                onChanged: (value) {
                                    setState(() {
                                        _fruit = value;
                                    });
                                },
                            ),
                        ),
                    ],
                ),
            ),
        ),
    );
    }
}
```

① : 어떤 Radio 항목이 선택되었는지 구분하기 위한 변수이다. groupValue 인자로 사용된다.

② : ListTile은 터치 영역이 Radio 위젯의 좌측 원 모양의 버튼만 해당한다. 추후 살펴볼 RadioListTile은 Radio 위젯의 버튼과 텍스트까지 모두 포함한 영역이 터치가 된다.

③ : Radio 항목의 텍스트를 지정하는 부분이다.

④ : value는 해당 Radio 위젯을 대표하는 값이다. groupValue와 함께 Radio 버튼의 선택 유무를 결정한다.

⑤ : groupValue와 value가 일치한 값을 가질 경우 해당 Radio 버튼이 선택된다.

⑥ : onChanged()는 Radio 버튼이 터치되었을 때 호출된다. 내부에서는 setState()를 통해 groupValue의 인자인 _fruit에 value를 할당하는 작업을 한다. 이것은 해당 버튼이 터치되면 해당 버튼의 value 값을 groupValue에 넘겨줘서 두 값을 일치시켜 버튼이 선택되도록 하는 것이다.

실행 화면은 다음과 같다.

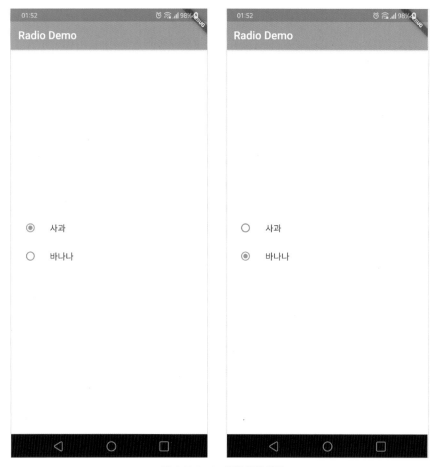

그림 4.15 Radio 위젯 실행 화면

처음 실행하면 좌측 화면이 나온다. 바나나를 선택하면 사과의 버튼은 해제되고 바나나 버튼이 선택된다.

Radio 위젯을 사용할 때 현재와 같이 ListTile을 사용하면 버튼 부분을 정확히 눌려야 동작한다. 하지만 RadioListTile을 사용하면 터치할 수 있는 범위가 넓어진다.

예제 4.13을 다음과 같이 수정하여 RadioListTile를 적용할 수 있다.

```
children: <Widget>[
                        RadioListTile(
                            title: Text('사과'),
                            value: Fruit.APPLE,
                            groupValue: _fruit,
                            onChanged: (value) {
                                setState(() {
                                    _fruit = value;
```

```
                });
            },
        ),
        ListTile(
            title: Text('바나나'),
            leading: Radio(
                value: Fruit.BANANA,
                groupValue: _fruit,
                onChanged: (value) {
                    setState(() {
                        _fruit = value;
                    });
                },
            ),
        ),//listtile
    ],
```

이 경우에 터치 영역은 다음과 같다.

그림 4.16 RadioListTile과 ListTile의 터치 영역

## 4.7 ▸ Dialog

Dialog는 화면 내 작은 창을 보여주는 위젯이다. 흔히 팝업창이라고도 한다. 여기서는 대표적인 두 가지로 SimpleDialog와 AlertDialog를 살펴본다.

### 1) SimpleDialog

SimpleDialog는 목록에 세부 사항이나 추가적인 액션을 취할 수 있도록 동작할 수 있다.

예제 4.14 SimpleDialog 위젯 사용

```
import 'package:flutter/material.dart';

void main() => runApp(new WidgetDemo());

class WidgetDemo extends StatefulWidget {
    @override
    State<StatefulWidget> createState() => WidgetDemoState();
}

class WidgetDemoState extends State<WidgetDemo> {

    @override
    Widget build(BuildContext context) {
        return new MaterialApp(
            title: 'Flutter Demo App',
            home: new Scaffold(
                appBar: new AppBar(
                    title: const Text('SimpleDialog Demo'),
                ),
                body: Center(
                    child: SimpleDialog( ①
                        title: Text("SimpleDialog Title"), ②
                        children: [
                            Text("This is SimpleDialog."), ③
                        ],
                    ),
                ),
            ),
        );
    }
}
```

① : SimpleDialog를 생성하기 위한 메서드이다.

② : SimpleDialog의 타이틀을 지정한다.

③ : children에 위젯을 지정할 수 있다. 여기서는 Text 위젯을 사용하여 문구를 보여준다.

실행 화면은 다음과 같다.

그림 4.17 SimpleDialog 위젯 실행 화면

## 2) AlertDialog

AlertDialog는 사용자가 알림에 대한 확인을 해야 할 때 보여주는 위젯이다. 다이얼로그 창이 뜨고 하단에 버튼이 있는 형태이다.

예제 4.15 AlertDialog 위젯 사용

```
import 'package:flutter/material.dart';

void main() => runApp(new WidgetDemo());
```

```dart
class WidgetDemo extends StatefulWidget {
    @override
    State<StatefulWidget> createState() => WidgetDemoState();
}


class WidgetDemoState extends State<WidgetDemo> {
    @override
    Widget build(BuildContext context) {
        return new MaterialApp(
            title: 'Flutter Demo App',
            home: new Scaffold(
                appBar: new AppBar(
                    title: const Text('AlertDialog Demo'),
                ),
                body: Center(
                    child: AlertDialog(
                        title: Text('AlertDialog Title'), ①
                        content: SingleChildScrollView( ②
                            child: ListBody( ③
                                children: <Widget>[
                                    Text('This is AlertDialog.'), ④
                                ],
                            ),
                        ),
                        actions: <Widget>[ ⑤
                            FlatButton(
                                child: Text('OK'), ⑥
                                onPressed: () {
                                    // do something
                                },
                            ),
                        ],
                    ),
                ),
            ),
        );
    }
}
```

① : AlertDialog의 타이틀을 지정한다.

② : 하나의 위젯을 스크롤할 수 있는 박스 형태를 제공하는 클래스이다.

③ : 스크롤 동작과 결합한 ListView 형태에 사용되는 위젯이다. 주어진 축으로 자식 위젯을 순차적으로
   배열한다.

④ : Text 위젯 하나를 자식 위젯으로 지정한다. 다이얼로그 본문에 해당한다.

⑤ : 다이얼로그 아래에 위치하며 어떤 동작을 수행하는 역할을 한다. 주로 FlatButton을 사용한다.

⑥ : FlatButton의 문구를 지정한다.

실행 화면은 다음과 같다.

그림 4.18 AlertDialog 위젯 실행 화면

## 4.8 DatePicker

DatePicker는 캘린더를 보여주고 날짜를 선택할 수 있는 위젯이다.

예제 4.16 DatePicker 위젯 사용

```dart
import 'package:flutter/material.dart';

void main() => runApp(new WidgetDemo());

class WidgetDemo extends StatefulWidget {
    @override
    State<StatefulWidget> createState() => WidgetDemoState();
}

class WidgetDemoState extends State<WidgetDemo> {
    @override
    Widget build(BuildContext context) {
        return new MaterialApp(title: 'Flutter Demo App', home: ShowDatePicker());
    }
}

class ShowDatePicker extends StatefulWidget {
    @override
    State<StatefulWidget> createState() => ShowDatePickerState();
}

class ShowDatePickerState extends State<ShowDatePicker> {
    DateTime _selectedDate;

    @override
    Widget build(BuildContext context) {
        return new Scaffold(
            appBar: new AppBar(
                title: const Text('DatePicker Demo'),
            ),
            body: Center(
                child: Column(
                    mainAxisAlignment: MainAxisAlignment.center,
                    children: <Widget>[
                        RaisedButton(
                            child: Text('Show DatePicker'),
```

```
                        onPressed: () {
                            Future<DateTime> selectedDate = showDatePicker( ①
                                context: context,
                                initialDate: DateTime.now(), ②
                                firstDate: DateTime(1900), ③
                                lastDate: DateTime(2999), ④
                                builder: (BuildContext context, Widget child) {
                                    return Theme(
                                        data: ThemeData.dark(), ⑤
                                        child: child,
                                    );
                                },
                            );
                            selectedDate.then((date) { ⑥
                                setState(() {
                                    _selectedDate = date;
                                });
                            });
                        },
                    ),
                    if (_selectedDate != null)
                        Text('${_selectedDate.year}-${_selectedDate.month}-${_
selectedDate.day}'), ⑦
                ],
            )),
        );
    }
}
```

---

① : showDatePicker() 함수를 통해서 DatePicker를 호출한다. 해당 함수의 리턴 타입은
　　Future〈DateTime〉이다. 따라서 Future 객체인 selectedDate를 하나 생성한다.

② : 처음 선택될 날짜를 지정한다. 현재 날짜로 지정했다.

③ : 선택할 수 있는 날짜의 범위 중 가장 이른 날을 지정한다.

④ : 선택할 수 있는 날짜의 범위 중 가장 늦는 날을 지정한다.

⑤ : DatePicker의 테마를 지정한다. 다크 테마를 지정했다.

⑥ : 날짜 선택이 완료되면 then() 함수에서 선택한 날짜를 결과로 받는다. 이때 setState()를 통해 선택
　　된 값을 Text() 위젯에 표시하기 위해 갱신한다.

⑦ : 선택된 날짜를 표시한다.

실행 화면은 다음과 같다.

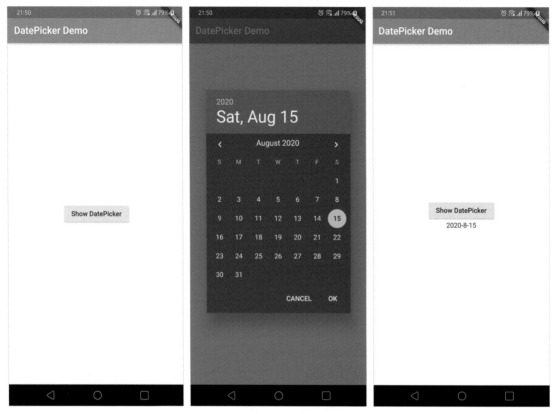

그림 4.19 DatePicker 위젯 실행 화면

처음 실행하면 위 그림의 좌측 화면이 나온다. Show DatePicker 버튼을 누르면 DatePicker가 가운데 그림과 같이 나온다. 날짜를 선택한 후 OK 버튼을 누르면 우측 화면처럼 선택된 날짜가 문자로 표시된다.

## 4.9 TimePicker

TimePicker는 시계를 보여주고 시간을 선택할 수 있는 위젯이다. 전반적인 구조가 DatePicker와 유사하다.

예제 4.17 TimePicker 위젯 사용

```
import 'package:flutter/material.dart';

void main() => runApp(new WidgetDemo());
```

```
class WidgetDemo extends StatefulWidget {
    @override
    State<StatefulWidget> createState() => WidgetDemoState();
}


class WidgetDemoState extends State<WidgetDemo> {
    @override
    Widget build(BuildContext context) {
        return new MaterialApp(title: 'Flutter Demo App', home: ShowTimePicker());
    }
}


class ShowTimePicker extends StatefulWidget {
    @override
    State<StatefulWidget> createState() => ShowTimePickerState();
}


class ShowTimePickerState extends State<ShowTimePicker> {
    TimeOfDay _selectedTime;

    @override
    Widget build(BuildContext context) {
        return new Scaffold(
            appBar: new AppBar(
                title: const Text('TimePicker Demo'),
            ),
            body: Center(
                child: Column(
                    mainAxisAlignment: MainAxisAlignment.center,
                    children: <Widget>[
                        RaisedButton(
                            child: Text('Show TimePicker'),
                            onPressed: () {
                                Future<TimeOfDay> selectedTime = showTimePicker( ①
                                    initialTime: TimeOfDay.now(), ②
                                    context: context,
                                );
                                selectedTime.then((date) { ③
                                    setState(() {
                                        _selectedTime = date;
                                    });
                                });
                            },
```

```
                ),
                if (_selectedTime != null)
                    Text('${_selectedTime.hour}:${_selectedTime.minute}'), ④
            ],
        )),
    );
  }
}
```

① : showTimePicker() 함수를 통해서 TimePicker를 호출한다. 해당 함수의 리턴 타입은 Future〈DateTime〉이다. 따라서 Future 객체인 selectedTime을 하나 생성한다.

② : 처음 선택될 시간을 지정한다. 현재 시간으로 지정했다.

③ : 시간 선택이 완료되면 then() 함수에서 선택한 시간을 결과로 받는다. 이때 setState()를 통해 선택된 값을 Text() 위젯에 표시하기 위해 갱신한다.

④ : 선택된 시간을 표시한다.

실행 화면은 다음과 같다.

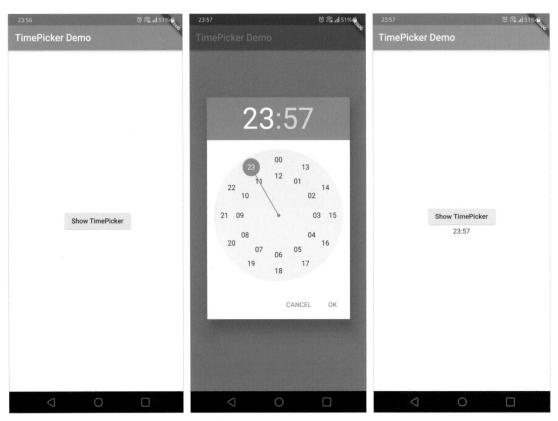

**그림 4.20** TimePicker 위젯 실행 화면

처음 실행하면 위 그림의 좌측 화면이 나온다. Show TimePicker 버튼을 누르면 TimePicker가 가운데 그림과 같이 나온다. 시간을 선택한 후 OK 버튼을 누르면 우측 화면처럼 선택된 시간이 문자로 표시된다.

위젯들을 적절하게 배치하기 위한 방법을 다룬다.

가장 간단한 가로, 세로 배치는 물론이고 스크롤, 네이게이터바까지 다룬다.

여기서 다루는 내용만으로도 적절히 혼합하여 사용하면 멋진 레이아웃을 구성할 수 있다.

더 멋진 화면을 만들고 싶다면 학습한 내용을 바탕으로 몇몇 옵션을 추가해 활용하면 된다.

# Chapter. 05
# 레이아웃 구성

앞장에서 문자 등을 표시하고 버튼 등으로 상호 작용하는 위젯을 살펴보았다. 이 장에서는 그런 위젯들을 화면에 배치하는 역할을 하는 위젯을 살펴볼 것이다.

## 5.1 Row, Column

Row와 Column은 행(가로축)과 열(세로축)을 의미한다. 의미 그대로 Row는 위젯을 가로로 배치하고 Column은 세로로 배치하는 위젯이다. 참고로 이 두 위젯은 앞선 예제에서 종종 사용되었다. 이 위젯들 또한 앞서 본 위젯과 기본 사용법은 동일하나 축의 방향에 따라 몇몇 옵션의 효과 차이가 있다.

예제 5.1 Row 위젯 사용

```
import 'package:flutter/material.dart';

void main() => runApp(new WidgetDemo());

class WidgetDemo extends StatelessWidget {
    @override
    Widget build(BuildContext context) {
        return new MaterialApp(
            title: 'Flutter Demo App',
            home: new Scaffold(
                appBar: new AppBar(
                    title: const Text('Container Demo'),
                ),
                body: Row( ①
                    mainAxisSize: MainAxisSize.max, ②
                    mainAxisAlignment: MainAxisAlignment.center, ③
                    crossAxisAlignment: CrossAxisAlignment.center, ④
                    children: <Widget>[
                        Text( ⑤
                            '1,',
                            style: TextStyle(fontSize: 30.0),
                        ),
                        Text(
                            '2,',
                            style: TextStyle(fontSize: 30.0),
                        ),
                        Text(
```

```
                            '3',
                        style: TextStyle(fontSize: 30.0),
                    ),
                ]),
            ),
        );
    }
}
```

① : Row 위젯을 생성한다.

② : 가로축의 공간을 설정한다. max는 남은 공간을 모두 사용하고 min은 위젯의 크기만큼만 사용한다.

③ : 가로축의 정렬을 설정한다. center로 가운데 정렬을 적용했다.

④ : 세로축의 정렬을 설정한다. center로 가운데 정렬을 적용했다.

⑤ : 자식 위젯으로 Text 위젯 3개를 지정했다.

실행 화면은 다음과 같다.

그림 5.1 Row 위젯 실행 화면

Column은 Row에서 매개변수 변경 없이 바로 적용할 수 있다.

**예제 5.2** Column 위젯 사용

```
…
body: Column(
          mainAxisSize: MainAxisSize.max, ①
          mainAxisAlignment: MainAxisAlignment.center, ②
          crossAxisAlignment: CrossAxisAlignment.center, ③
          children: <Widget>[
              Text(
                  '1,',
                  style: TextStyle(fontSize: 30.0),
              ),
              Text(
                  '2,',
                  style: TextStyle(fontSize: 30.0),
              ),
              Text(
                  '3',
                  style: TextStyle(fontSize: 30.0),
              ),
          ]),
…
```

Row와 동일한 매개변수도 Column에서는 약간 다르게 적용한다. Row는 가로축이지만 Column은 세로축이 기본 방향이기 때문이다.

① : 세로축의 공간을 설정한다. max는 남은 공간을 모두 사용하고 min은 위젯의 크기만큼만 사용한다.

② : 세로축의 정렬을 설정한다. center로 가운데 정렬을 적용했다.

③ : 가로축의 정렬을 설정한다. center로 가운데 정렬을 적용했다.

그림 5.2 Column 위젯 실행 화면

---

**Container**

Container 위젯은 위치와 크기 지정이 가능하고 패딩과 마진을 설정할 수 있다. 또한 배경색과 모양을 변경할 수 있고 자식 위젯을 가질 수 있어서 다른 위젯과 조합하여 사용할 때 유용하다.

예제 5.3 Container 위젯 사용

---

```
import 'package:flutter/material.dart';

void main() => runApp(new WidgetDemo());

class WidgetDemo extends StatelessWidget {
```

```
    @override
    Widget build(BuildContext context) {
        return new MaterialApp(
            title: 'Flutter Demo App',
            home: new Scaffold(
                appBar: new AppBar(
                    title: const Text('Container Demo'),
                ),
                body: Container( ①
                    child: Text( ②
                        'This is Container Example.',
                        textAlign: TextAlign.center,
                        style: TextStyle(
                            fontSize: 15.0,
                        ),
                    ),
                    padding: EdgeInsets.all(80.0), ③
                    margin: EdgeInsets.all(50.0), ④
                    color: Colors.blue, ⑤
                    width: 300, ⑥
                    height: 300, ⑦
                ),
            ),
        );
    }
}
```

① : Container 위젯을 생성한다.

② : 자식 위젯으로 Text 위젯을 사용했다.

③ : Container 내부 여백인 패딩을 지정한다. EdgeInsets.all()은 상하좌우 모든 방향에 같은 여백 값을 지정한다.

④ : Container 외부 여백인 마진을 지정한다.

⑤ : Container의 색상을 지정한다.

⑥ : Container의 너비를 지정한다.

⑦ : Container의 높이를 지정한다.

실행 화면은 다음과 같다.

그림 5.3 Container 위젯 실행 화면

Container는 활용하기에 따라 다양한 형태로 사용할 수 있다. 다음과 같은 방법으로 원을 그릴 수 있다.

예제 5.4 Container 위젯 변형

```
...
body: Container(
        child: Text(
            'This is Container Example.',
            textAlign: TextAlign.center,
            style: TextStyle(
                fontSize: 15.0,
            ),
        ),
        alignment: Alignment.center, ①
        decoration: BoxDecoration( ②
```

```
        shape: BoxShape.circle, ③
        color: Colors.blue, ④
    ),
    padding: EdgeInsets.all(80.0),
    margin: EdgeInsets.all(50.0),
)
```
...

---

① : Container를 가운데로 정렬한다.

② : Container의 모양을 설정하기 위한 decoration이다.

③ : Container의 모양을 원형으로 설정한다.

④ : Container의 색상을 지정한다.

실행 화면은 다음과 같다.

그림 5.4 Container 위젯 변형 실행 화면

## 5.3 ▶ ScrollView

화면 크기를 벗어나는 위젯을 적절히 표시하려면 스크롤이 필요하다. 다음에 설명될 ListView, GridView
등도 플러터에서 스크롤을 사용하는 위젯이다. 여기서 살펴볼 SingleChildScrollView 위젯은 하나의 자식
에 대해서 스크롤을 할 수 있도록 한다.

예제 5.5 SingleChildScrollView 위젯 사용

```dart
import 'package:flutter/material.dart';

void main() => runApp(new WidgetDemo());

class WidgetDemo extends StatelessWidget {
    @override
    Widget build(BuildContext context) {
        return new MaterialApp(
            title: 'Flutter Demo App',
            home: new Scaffold(
                appBar: new AppBar(
                    title: const Text('ScrollView Demo'),
                ),
                body: SingleChildScrollView( ①
                    child: Column( ②
                        children: <Widget>[
                            Container( ③
                                color: Colors.red,
                                height: 500.0 ,
                                alignment: Alignment.center,
                                child: const Text('RED'),
                            ),
                            Container(
                                color: Colors.blue,
                                height: 500.0,
                                alignment: Alignment.center,
                                child: const Text('BLUE'),
                            ),
                        ],
                    ),
                ),
            ),
        );
```

```
    }
}
```

① : SingleChildScrollView를 생성한다. scrollDirection 매개변수로 스크롤 방향을 설정할 수 있다.
　 기본값은 scrollDirection: Axis.vertical로 세로 스크롤이다.

② : 세로로 스크롤할 수 있도록 Column 위젯을 추가한다.

③ : Column의 자식 위젯으로는 Container를 2개 추가한다. 높이를 500 정도로 크게 주어 화면 밖으로
　 위젯이 넘어가도록 해야 스크롤이 가능하다. 세로 스크롤인 상황에서 위젯의 크기가 가로 화면의 범
　 위를 벗어나면 렌더링 오류가 발생하니 주의해야 한다.

실행 화면은 다음과 같다.

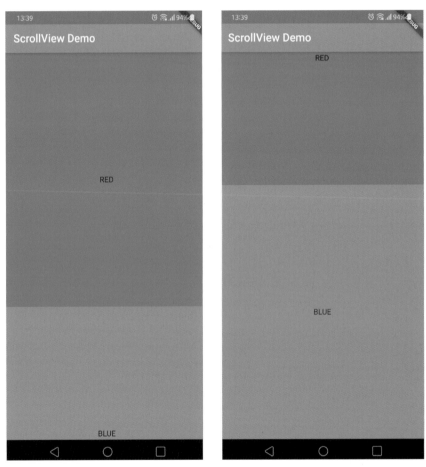

그림 5.5 SingleChildScrollView 위젯 실행 화면

처음 실행 시 위 그림의 좌측 화면이 나타난다. 그 후 아래로 스크롤하면 우측 화면과 같이 된다.

## 5.4 ListView

ListView는 가장 일반적으로 사용되는 스크롤 위젯이다. 앞서 살펴본 SingleChildScrollView와 동작 상 큰 차이는 없지만 리스트 형태의 UI를 구현할 때 더 쉽고 유용한 기능을 제공한다. 다음 예제는 SingleChildScrollView 예제와 사용자 입장에서는 동일한 동작을 한다.

예제 5.6 ListView 위젯 사용

```dart
import 'package:flutter/material.dart';

void main() => runApp(new WidgetDemo());

class WidgetDemo extends StatelessWidget {
    @override
    Widget build(BuildContext context) {
        return new MaterialApp(
            title: 'Flutter Demo App',
            home: new Scaffold(
                appBar: new AppBar(
                    title: const Text('ListView Demo'),
                ),
                body: ListView( ①
                    children: <Widget>[
                        Container( ②
                            height: 500, ③
                            color: Colors.red,
                            child: const Center(child: Text('RED')),
                        ),
                        Container(
                            height: 500,
                            color: Colors.blue,
                            child: const Center(child: Text('BLUE')),
                        ),
                    ],
                ),
            ),
        );
    }
}
```

① : ListView를 생성한다.

② : Container를 위젯으로 추가한다. 총 2개를 추가한다.

③ : 사이즈를 500으로 하여 화면의 크기를 넘어가도록 한다. 기기 해상도에 맞게 적절히 값을 주면 된다.

실행 화면은 다음과 같다.

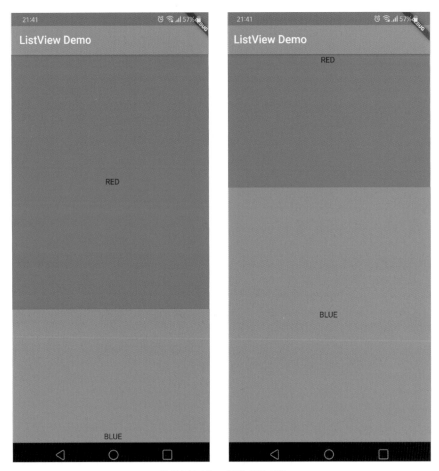

그림 5.6 ListView 위젯 실행 화면

ListView로 리스트를 구현할 때 ListTile()을 사용하면 아주 큰 도움을 받을 수 있다. 앞선 예제는 단순히 스크롤 동작하는 것을 확인하기 위한 것이다. 하지만 ListTile()을 사용하면 리스트를 좀 더 보기 좋게 꾸미고 커스텀할 수 있다.

예제 5.7 ListTile 위젯을 사용한 ListView

```
import 'package:flutter/material.dart';

void main() => runApp(new WidgetDemo());
```

```dart
class WidgetDemo extends StatelessWidget {
    @override
    Widget build(BuildContext context) {
        return new MaterialApp(
            title: 'Flutter Demo App',
            home: new Scaffold(
                appBar: new AppBar(
                    title: const Text('ListView Demo'),
                ),
                body: page1(), ①
            ),
        );
    }


    ListView page1() {
        return ListView(
            children: <Widget>[
                ListTile(
                    title: Text('ListView'),
                        subtitle: Text('Using ListTile'),
                        trailing: Icon(Icons.more_vert),
                        onTap: () {},
                ),
                ListTile(
                    leading: FlutterLogo(
                        size: 50.0,
                    ),
                    title: Text('Flutter'),
                    trailing: Icon(Icons.autorenew),
                    onTap: () {},
                ),
                ListTile( ②
                    leading: Icon( ③
                        Icons.account_box,
                        size: 50.0,
                    ),
                    title: Text('Contacts'), ④
                    subtitle: Text('Add Phone Number'), ⑤
                    trailing: Icon(Icons.add), ⑥
                    onTap: () {},
                ),
            ],
        );
```

```
    }
}
```

① : Scaffold 위젯의 body를 page1() 함수로 정리했다. 추후 예제에서 재사용하기 위해서이다.

② : ListTile을 생성한다.

③ : 리스트의 가장 좌측에 표시되는 위젯을 지정한다. 여기서는 아이콘을 넣었다.

④ : 리스트의 중앙에 들어갈 타이틀을 지정한다.

⑤ : 타이틀 아래에 부가 설명이 필요한 경우 추가 텍스트를 넣을 수 있다.

⑥ : 리스트의 가장 우측에 표시되는 위젯을 지정한다.

실행 화면은 다음과 같다.

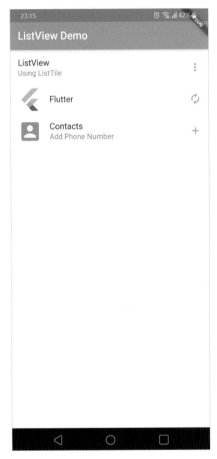

그림 5.7 ListTile 위젯을 사용한 ListView 실행 화면

# GridView

GridView는 격자 형태로 위젯을 배치할 수 있는 위젯이다. 갤러리 앱에서 흔히 볼 수 있다.

예제 5.8 GridView 위젯 사용

```
import 'package:flutter/material.dart';

void main() => runApp(new WidgetDemo());

class WidgetDemo extends StatelessWidget {
    @override
    Widget build(BuildContext context) {
        return new MaterialApp(
            title: 'Flutter Demo App',
            home: new Scaffold(
                appBar: new AppBar(
                    title: const Text('GridView Demo'),
                ),
                body: page2(), ①
            ),
        );
    }

    GridView page2() {
        return GridView.count( ②
            padding: const EdgeInsets.all(10), ③
            crossAxisSpacing: 10, ④
            mainAxisSpacing: 50, ⑤
            crossAxisCount: 3, ⑥
            children: <Widget>[
                Container(
                    alignment: Alignment.center,
                    padding: const EdgeInsets.all(8),
                    child: const Text("1"),
                    color: Colors.blue[100],
                ),
                Container(
                    alignment: Alignment.center,
                    padding: const EdgeInsets.all(8),
                    child: const Text('2'),
                    color: Colors.blue[200],
```

```
            ),
            Container(
                alignment: Alignment.center,
                padding: const EdgeInsets.all(8),
                child: const Text('3'),
                color: Colors.blue[300],
            ),
            Container(
                alignment: Alignment.center,
                padding: const EdgeInsets.all(8),
                child: const Text('4'),
                color: Colors.blue[400],
            ),
            Container(
                alignment: Alignment.center,
                padding: const EdgeInsets.all(8),
                child: const Text('5'),
                color: Colors.blue[500],
            ),
            Container(
                alignment: Alignment.center,
                padding: const EdgeInsets.all(8),
                child: const Text('6'),
                color: Colors.blue[600],
            ),
        ],
    );
    }
}
```

① : Scaffold 위젯의 body를 page2() 함수로 정리했다. 추후 예제에서 재사용하기 위해서이다.

② : GridView를 생성한다.

③ : padding을 설정한다. 전 방향에 10을 적용했다.

④ : 자식 위젯 간 가로 간격 값을 지정한다.

⑤ : 자식 위젯 간 세로 간격 값을 지정한다.

⑥ : 한 행(row)에 몇 개의 위젯을 넣을지 정한다. 바꿔말하면 열(column)의 수를 지정한다.

실행 화면은 다음과 같다.

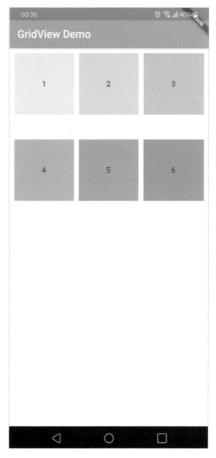

그림 5.8 GridWidget 위젯 실행 화면

## 5.6 PageView

PageView는 이름처럼 책의 페이지를 넘기듯이 화면을 좌우로 이동할 수 있는 위젯이다.

PageView 예제에서는 앞서 ListView와 GridView에서 사용한 위젯을 다시 사용한다. page1()과 page2()로 body를 분리했던 이유는 바로 여기서 재사용하기 위해서이다.

```dart
import 'package:flutter/material.dart';

void main() => runApp(new WidgetDemo());

class WidgetDemo extends StatelessWidget {
    final controller = PageController( ①
        initialPage: 0,
    );

    @override
    Widget build(BuildContext context) {
        return new MaterialApp(
            title: 'Flutter Demo App',
            home: new Scaffold(
                appBar: new AppBar(
                    title: const Text('PageView Demo'),
                ),
                body: PageView( ②
                    controller: controller, ③
                    children: <Widget>[ ④
                        page1(),
                        page2(),
                    ],
                ),
            ),
        );
    }
    ListView page1() {
    // reuse
    }

    GridView page2() {
    // reuse
    }
}
```

① : PageController는 PageView 위젯의 스크롤에 관한 컨트롤을 하는 클래스다. PageView 위젯의 매
    개변수로 전달한다. 만약 전달하지 않으면 기본값을 사용한다. 여기서는 처음 보여줄 페이지의 인덱
    스를 0으로 설정하였다.

② : PageView 위젯을 생성한다.

③ : ①에서 생성한 PageController를 전달한다.

④ : 자식 위젯으로 ListView와 GridView에서 사용한 page1()과 page2()를 사용한다.

실행 화면은 다음과 같다.

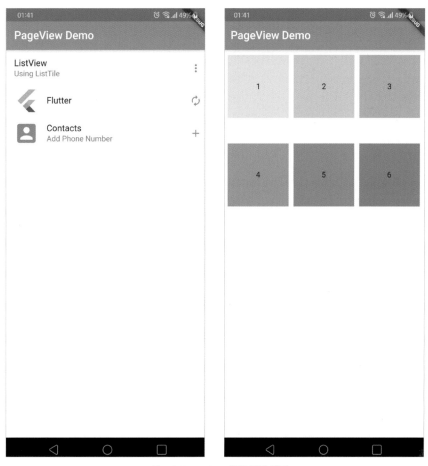

그림 5.9 PageView 위젯 실행 화면

PageController에서 설정된 인덱스가 0이기 때문에 처음 실행하면 위 그림의 좌측 화면이 나온다. 자식
위젯의 첫 번째가 page1()이기 때문이다. 슬라이드하여 오른쪽으로 이동하면 우측 화면이 나온다.

## 5.7 ▶ BottomNavigationBar

BottomNavigationBar는 이름 그대로 하단에 화면 전환이 가능한 바가 있는 위젯이다. 하단바는 탭 메뉴로 구성되어 있으며, 각 탭을 선택하면 그에 맞는 화면으로 전환이 가능하다.

여기서 다룰 예제는 탭을 3개를 만든다. 이 예제에서는 page1()과 page2()는 재사용하고 page3()을 새로 추가한다.

예제 5.10 BottomNavigationBar 위젯 사용

```dart
import 'package:flutter/material.dart';

void main() => runApp(new WidgetDemo());

class WidgetDemo extends StatefulWidget {
    @override
    State<StatefulWidget> createState() => WidgetDemoState();
}

class WidgetDemoState extends State<WidgetDemo> {
    int _curIndex = 0; ①

    @override
    Widget build(BuildContext context) {
        return new MaterialApp(
            title: 'Flutter Demo App',
            home: new Scaffold(
                appBar: new AppBar(
                    title: const Text('BottomNavigationBar Demo'),
                ),
                body: getPage(), ②
                bottomNavigationBar: BottomNavigationBar(
                    onTap: (index) { ③
                        setState(() {
                            _curIndex = index;
                        });
                    },
                    items: [
                        BottomNavigationBarItem( ④
                            icon: Icon( ⑤
                                Icons.home,
```

```
                    size: 30,
                    color: _curIndex == 0 ? Colors.blue : Colors.black54,
                ),
                title: Text( ⑥
                    "Home",
                    style: TextStyle(
                        fontSize: 15,
                        color: _curIndex == 0 ? Colors.blue : Colors.black54),
                    ),
                ),
            BottomNavigationBarItem(
                backgroundColor: Colors.blue,
                icon: Icon(
                    Icons.search,
                    size: 30,
                    color: _curIndex == 1 ? Colors.blue : Colors.black54,
                ),
                title: Text(
                    "Search",
                    style: TextStyle(
                        fontSize: 15,
                        color: _curIndex == 1 ? Colors.blue : Colors.black54),
                    ),
                ),
            BottomNavigationBarItem(
                backgroundColor: Colors.blue,
                    icon: Icon(
                        Icons.settings,
                        size: 30,
                        color: _curIndex == 2 ? Colors.blue : Colors.black54,
                    ),
                    title: Text(
                        "Settings",
                        style: TextStyle(
                            fontSize: 15,
                            color: _curIndex == 2 ? Colors.blue : Colors.black54
                        ),
                    ),//title: Text
                )// BottomNavigationBarItem
            ], //items:
        ),
    ),
);
```

```dart
        }


    Widget getPage() {
        Widget page;
        switch (_curIndex) {
            case 0:
                page = page1();
                break;
            case 1:
                page = page2();
                break;
            case 2:
                page = page3();
                break;
        }
        return page;
    }


    ListView page1() {
    // reuse
    }


    GridView page2() {
    // reuse
    }
    Container page3() {
        return Container(
            alignment: Alignment.center,
            child: Text(
                'Settings',
                style: TextStyle(color: Colors.blue, fontSize: 30),
            ),
        );
    }
}
```

① : 하단바의 탭의 인덱스를 기억하기 위한 _curIndex 변수를 선언한다.

② : body는 선택된 탭의 인덱스에 따라 적절한 위젯을 선택하여 보여준다.

③ : 탭을 터치하면 해당 탭의 인덱스를 _curIndex 변수에 넘겨준다.

④ : 하단바의 탭을 구성하기 위한 클래스다.

⑤ : 하단바에 표시될 아이콘을 지정한다. 이때 color는 해당 탭이 선택되었을 때 그 탭의 인덱스를 확인

하면 적절하게 설정하도록 한다. 여기서는 선택되면 파란색으로 아이콘을 표시하고 선택되지 않은 탭의 아이콘은 회색으로 표시한다.

⑥ : 탭의 아이콘 하단에 표시되는 텍스트를 지정한다. 텍스트의 color도 아이콘과 동일하게 선택과 비선택에 따른 처리를 한다.

실행 화면은 다음과 같다.

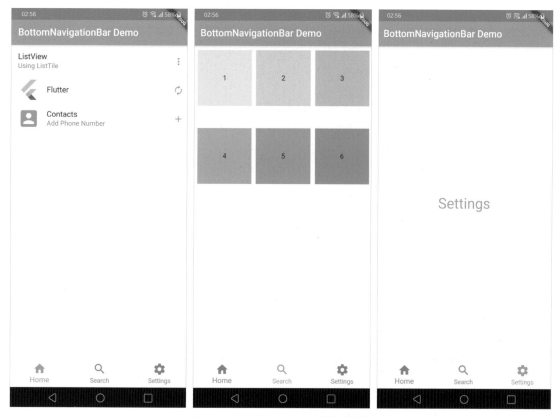

그림 5.10 BottomNavigationBar 위젯 실행 화면

지금까지는 하나의 화면을 구성하는 방법을 배웠다.

이번에는 화면을 전환하는 방법 및 데이터를 함께 전달하는 방법을 다룬다.

또한 화면 전환 및 UI 갱신을 위한 상태 변경이 발생했을 때 상태를 관리하는 방법을 알아본다.

여기서는 상태 관리를 위해 Provider를 사용한다.

# Chapter. 06
# 화면 전환 및 상태 관리

3장에서 StatefulWidget의 생명주기를 살펴볼 때 화면 전환을 사용했다. 다만 이때는 생명주기 파악이 목적이라 코드에 대한 분석은 없었다. 따라서 이 장에서 화면 전환 방법에 대해서 세부적으로 살펴본다.

## 6.1 Navigator와 Route

한 화면에서 모든 것을 처리하는 앱은 드물다. 따라서 여러 가지 화면으로 이동하는 동작이 반드시 필요하다. Navigator와 Route는 화면 전환에서 가장 중요한 두 개념이다. Navigator는 스택 방식으로 자식 위젯들을 관리한다. push()와 pop()으로 위젯을 쌓고 제거하는 방식으로 우리에게 보여지는 화면을 제어하는 것이다. Route는 Navigator가 관리하는 위젯을 추상화하여 코드적으로 좀 더 간결함을 제공한다.

### 1) Navigator

Navigator는 push()를 사용하여 새로운 위젯을 화면 최상단에 표시하도록 한다. 반대로 pop()을 통해서 최상단에 보여준 위젯을 제거한다.

예제 6.1 Navigator 위젯 사용

```dart
import 'package:flutter/material.dart';

void main() => runApp(WidgetDemo());

class WidgetDemo extends StatelessWidget {
    @override
    Widget build(BuildContext context) {
        return MaterialApp(
            title: 'Flutter Demo App',
            home: FirstPage(), ①
        );
    }
}

class FirstPage extends StatelessWidget {
    @override
    Widget build(BuildContext context) {
        return Scaffold(
            appBar: AppBar(
                title: Text('First Page'),
            ),
            body: Center(
```

```dart
                    child: RaisedButton(
                        child: Text('Go to next page'),
                        onPressed: () {
                            Navigator.push( ②
                                context,
                                MaterialPageRoute(builder: (context) => SecondPage()),
                            );
                        },
                    ),
                ),
            );
        }
    }


class SecondPage extends StatelessWidget {
    @override
    Widget build(BuildContext context) {
        return Scaffold(
            appBar: AppBar(
                title: Text("Second Page"),
            ),
            body: Center(
                child: RaisedButton(
                    child: Text('Go to previous page'),
                    onPressed: () {
                        Navigator.pop(context); ③
                    },
                ),
            ),
        );
    }
}
```

① : 시작 화면은 FirstPage()이다.

② : FirstPage()에 있는 버튼을 누르면 SecondPage()로 이동한다.

③ : SecondPage()에 있는 버튼을 누르면 해당 화면이 사라지면서 첫 화면이었던 FirstPage() 화면으로 되돌아간다.

실행 화면은 다음과 같다.

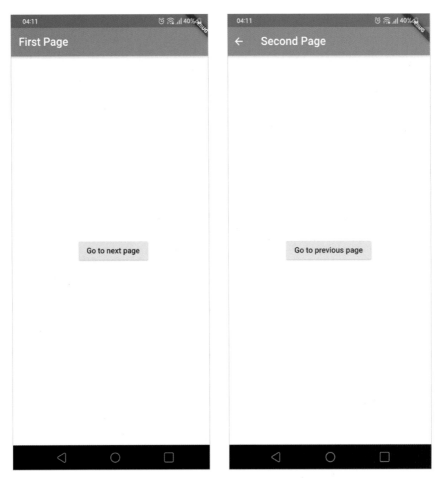

그림 6.1 Navigator 위젯 실행 화면

처음 실행하면 좌측 화면이 나오고 Go to next page를 누르면 우측 화면이 나온다. 우측 화면에서 Go to previous page 버튼이나 Appbar에 있는 화살표를 누르면 다시 좌측 화면으로 되돌아간다. 이러한 동작을 안드로이드에서는 액티비티의 전환이라고 한다. 액티비티 전환 시 인텐트를 통해서 데이터를 전달하기도 하는데 이는 플러터에서도 간단하게 수행할 수 있다. 또한 두 번째 화면에서 다시 첫 번째 화면으로 되돌아올 때도 데이터를 전달할 수 있다.

예제 6.2 화면 전환 간 data 전달

```
import 'package:flutter/material.dart';

void main() => runApp(WidgetDemo());

class WidgetDemo extends StatelessWidget {
```

```dart
    @override
    Widget build(BuildContext context) {
        return MaterialApp(
            title: 'Flutter Demo App',
            home: FirstPage(),
        );
    }
}


class FirstPage extends StatefulWidget {
    @override
    State<StatefulWidget> createState() => FirstPageState();
}


class FirstPageState extends State<FirstPage> {
    var result; ②-2

    @override
    Widget build(BuildContext context) {
        return Scaffold(
            appBar: AppBar(
                title: Text('First Page'),
            ),
            body: Column(
                mainAxisAlignment: MainAxisAlignment.center,
                children: <Widget>[
                    Center(
                        child: RaisedButton(
                            onPressed: () async {
                                result = await Navigator.push(
                                    context,
                                    MaterialPageRoute(
                                        builder: (context) =>
                                            SecondPage(
                                                data: '(request)',  ①-3
                                            )),
                                );
                            },
                            child: Text('Go to next page'),
                        ),
                    ),
                    Text('$result'), ②-3
                ],
            ));
    }
```

```
        }
}

class SecondPage extends StatelessWidget {
    final String data;  ①-1

    SecondPage({@required this.data});  ①-2

    @override
    Widget build(BuildContext context) {
        return Scaffold(
            appBar: AppBar(
                title: Text("Second Page"),
            ),
            body: Column(
                mainAxisAlignment: MainAxisAlignment.center,
                children: <Widget>[
                    Center(
                        child: RaisedButton(
                            onPressed: () {
                                Navigator.pop(context, '(result)');  ②-1
                            },
                            child: Text('Go to previous page'),
                        ),
                    ),
                    Text('$data'),  ①-4
                ],
            ));
    }
}
```

①은 다른 화면으로 이동할 때 String 데이터를 전달하는 과정이다.

①-1 : 전달받은 데이터를 저장할 변수이다.

①-2 : 두 번째 화면에 전달받을 데이터를 매개변수로 하는 생성자를 추가한다. @required는 필수 매개변수라는 의미이다.

①-3 : push()할 때 전달하고자 하는 데이터를 두 번째 화면의 매개변수로 넘겨준다.

①-4 : Text() 위젯을 생성하여 전달받은 데이터를 표시한다.

②는 다시 원래 화면으로 돌아올 때 데이터를 받아오는 과정이다.

②-1 : pop()할 때 전달할 데이터를 매개변수로 넘겨준다.

②-2 : 전달받은 데이터를 저장할 변수이다. 이 변수는 ①-3에서 보듯이 push()의 리턴값을 할당받는다. 리턴값은 pop()에서 전달된 텍스트이다.

②-3 : Text() 위젯을 생성하여 전달받은 데이터를 표시한다.

실행 화면은 다음과 같다.

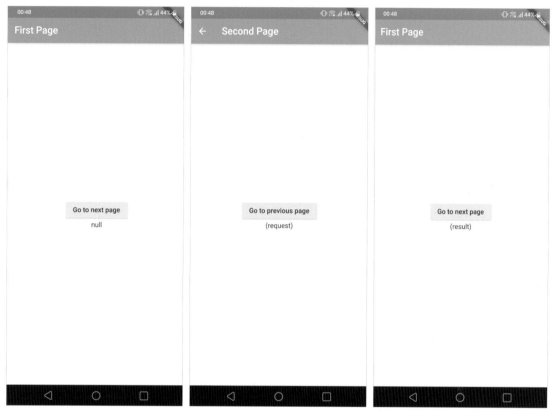

그림 6.2 화면 전환 간 data 전달 실행 화면

처음 실행 시 전달받은 값이 없기 때문에 버튼에 null이라고 표시된다. 버튼을 눌러서 다음 화면으로 넘어가면 전달된 (request)라는 문구가 버튼에 표시된다. 다시 버튼을 눌러서 첫 화면으로 되돌아가면 전달받은 (result)라는 문구가 표시되는 것을 확인할 수 있다.

### 2) Route

Route는 일종의 치환 개념이다. 이동하는 화면의 클래스명에 대한 별명(Alias)을 지정한다고 생각하면 된다. 예제 6.2를 다음과 같이 수정한다.

···

```
class WidgetDemo extends StatelessWidget {
```

```
    @override
    Widget build(BuildContext context) {
        return MaterialApp(
            title: 'Flutter Demo App',

            initialRoute: '/page1', ①
            routes: { ②
                '/page1': (context) => FirstPage(),
                '/page2': (context) => SecondPage(data: '(request)'),
            });
    }
}
…
class FirstPageState extends State<FirstPage> {
    var result;
…
            Center(
                child: RaisedButton(
                    onPressed: () async {
                        result = await Navigator.pushNamed(context, '/page2'); ③
                    },
                    child: Text('Go to next page'),
                ),
            ),
…
}
…
```

① : 가장 처음에 보여질 화면을 지정한다. initialRoute를 지정하면 home은 지정하면 안된다. initialRoute를 지정하지 않고 기존처럼 home을 사용하는 것은 가능하다.

② : Route를 지정하는 곳이다. '/page1'가 앞으로는 (context) => FirstPage()를 의미한다. /는 반드시 붙여야 하는 것이 아니지만 여러 화면의 구조를 관리하기 쉽기 때문이다. 디렉터리의 경로처럼 관리하기 위한 것이라고 생각하면 된다.

③ : Route를 사용할 때는 push() 대신 pushNamed()를 사용한다. 이때 두 번째 매개변수를 보면 SecondPage()로 이동하기 위해 앞서 지정했던 Route 중 '/page2'를 사용했다. 첫 화면으로 되돌아올 때는 pop()을 그대로 사용하여 스택 상에서 '/page2' Route를 제거한다.

실행 화면은 그림 6.2와 동일하다.

## 6.2 상태 관리

StatefulWidget에서 변경된 데이터에 대해 setState()를 통해서 상태(State)를 갱신하였던 것을 기억할 것이다. 이때는 해당 위젯 내에서 변경된 상태를 반영하였다. 만약 여러 위젯에서 공통으로 사용하는 데이터가 있다면 어떨까? 예를 들어 앞서 살펴본 예제 6.2에서 첫 번째 화면과 두 번째 화면에서 공통으로 사용하는 데이터가 있을 경우를 생각해보자. 가장 단순하게는 예제 6.2처럼 두 번째 화면을 호출할 때 데이터를 전달해주는 것이다. 그러나 이 경우는 첫 번째 화면의 데이터가 갱신되면 다시 전달하여 두 번째 화면의 데이터를 갱신해야 되는 문제가 있다.

이러한 문제점을 해결하기 위해서 상태 관리를 위한 여러 방법이 있다. 대표적으로는 InheritedWidget, Bloc, Provider 등이 있다. 이 중에서 구글 I/O 2019에서 소개되어 많은 주목을 받았으며 사용법이 비교적 쉬운 Provider에 대해서 알아볼 것이다.

Provider를 사용할 때 얻는 장점은 다음과 같다.

① **데이터 생성과 소비의 분리**: Provider는 데이터를 생성하는 부분과 소비하는 부분이 구분된다. 이렇게 되면 한 클래스가 담당하는 부분이 나눠지기 때문에 클래스의 크기가 줄어들고 기능이 명확해진다.
② **공유 데이터를 쉽게 구현**: 앞서 이야기한 공유 데이터의 문제점을 고려할 필요 없이 공통으로 사용하는 데이터를 쉽게 구현할 수 있다.
③ **코드 간결성**: 데이터를 전달하는 방식을 사용하면 다른 문제도 있지만 코드도 복잡해지고 길어진다. Singleton 패턴을 사용한다고 해도 해당 데이터를 사용하는 모든 곳에 상태 변경을 알리기 위한 코드를 작성해야 한다. 하지만 Provider는 내부적으로 이런 동작을 제공한다.

## Provider 사용하기

### 1) Provider 패키지 설치

Provider를 사용하려면 pubspec.yaml 파일에 패키지를 추가하여 설치해야 한다. 플러터 SDK 버전과 Provider 패키지 버전이 서로 호환되어야 한다. 사용 중인 플러터 SDK에서 지원하지 않는 Provider 버전이면 안드로이드 스튜디오에서 알려준다.

```
dependencies:
    flutter:
        sdk: flutter
provider: ^4.3.2
```

## 2) 데이터 생성

Provider로 데이터를 생성할 때의 기본 구조는 다음과 같다.

```
Provider<T>.value(
        value: 전달할 데이터,
        child: Provider의 데이터 상태를 사용할 위젯,
)

ex)
Provider<String>.value(
        value: 'Sample Data',
        child: MaterialApp(),
)
```

Provider의 데이터 상태를 사용할 범위를 지정해야 하는데 child 매개변수에 위젯을 지정하면 그 위젯의 자식 위젯까지 모두 포함된다. 따라서 child를 MaterialApp()으로 하면 앱 전체에서 사용할 수 있다.

## 3) 데이터 소비

데이터를 사용하는 방법은 Provider.of () 또는 Consumer()를 사용하면 된다.

```
ex)
Provider.of<String>(context, listen: false);
```

또는

```
Consumer<String>(
            builder: (context, value, child) {
                return Text('$value');
            },
        )
```

Provider.of ()는 데이터에 접근하여 사용은 하지만 UI 변경은 필요 없는 경우에 사용할 수 있다. 변경에 대한 알림을 받지 않기 위해서 listen 매개변수의 값을 false로 하면 된다.

Consumer()는 데이터가 갱신되어 상태 변경이 발생하면 builder에 지정된 위젯만 재빌드한다. 따라서 해당 데이터 갱신과 무관한 위젯까지 재빌드하는 비효율적인 동작을 하지 않는다. 그러므로 꼭 상태 변경이 필요한 위젯에 사용하는 것이 좋다.

# Provider 예제

Provider 패키지에서는 다양한 형태의 Provider를 제공한다. 그중에서 가장 기본형인 Provider, 여러 Provider를 사용할 때 편리한 MultiProvider, 상태 변경에 대한 알림을 받을 수 있는 ChangeNotifierProvider에 대해서 살펴본다.

### 1) Provider 기본

다음 예제는 Provider를 통해 데이터를 생성하고 두 화면에서 Provider.of()와 Consumer()를 통해 사용하는 코드이다.

예제 6.3 Provider를 통한 데이터 생성 및 소비

```
import 'package:flutter/material.dart';
import 'package:provider/provider.dart';

void main() => runApp(StateDemo());

class StateDemo extends StatelessWidget {
    @override
    Widget build(BuildContext context) {
        return Provider<String>.value(
            value: 'Shared Data',
            child: MaterialApp(
                title: 'Flutter Demo App',
                initialRoute: '/page1',
                routes: {
                    '/page1': (context) => FirstPage(),
                    '/page2': (context) => SecondPage(),
                }),
        ); ①
    }
}

class FirstPage extends StatefulWidget {
    @override
    State<StatefulWidget> createState() => FirstPageState();
}

class FirstPageState extends State<FirstPage> {
    var data;

    @override
```

```
  Widget build(BuildContext context) {
      data = Provider.of<String>(context); ②
      return Scaffold(
          appBar: AppBar(
              title: Text('First Page'),
          ),
          body: Column(
              mainAxisAlignment: MainAxisAlignment.center,
              children: <Widget>[
                  Center(
                      child: RaisedButton(
                          onPressed: () {
                              Navigator.pushNamed(context, '/page2');
                          },
                          child: Text('Go to next page'),
                      ),
                  ),
                  Text('$data'), ③
              ],
          ));
  }
}

class SecondPage extends StatelessWidget {

  @override
  Widget build(BuildContext context) {
      return Scaffold(
          appBar: AppBar(
              title: Text("Second Page"),
          ),
          body: Column(
              mainAxisAlignment: MainAxisAlignment.center,
              children: <Widget>[
                  Center(
                      child: RaisedButton(
                          onPressed: () {
                              Navigator.pop(context);
                          },
                          child: Text('Go to previous page'),
                      ),
                  ),
                  Consumer<String>(
```

```
                     builder: (context, value, child) {
                         return Text('$value');
                     },
                 ), ④
             ],
         ));
     }
}
```

① : Provider로 String 데이터인 'Shared Data'를 만든다. 해당 데이터를 사용할 수 있는 위젯은 MaterialApp()으로 앱 전체이다.

② : Provider.of()를 사용해 데이터에 접근한다. 가져온 데이터는 result 변수에 할당된다.

③ : Provider에서 가져온 데이터를 Text() 위젯으로 보여준다.

④ : Consumer()를 사용하여 데이터를 사용한다. 만약 데이터에 변경이 발생하면 builder에 지정된 익명함수가 호출된다. 그러면 Text() 위젯만 재빌드된다.

실행 화면은 다음과 같다.

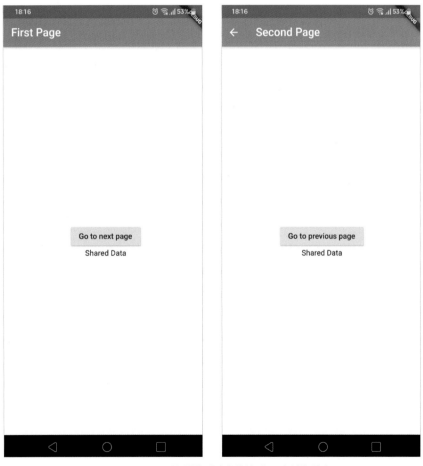

그림 6.3 Provider를 통한 데이터 생성 및 소비 실행 화면

## 2) MultiProvider

MultiiProvider는 Provider를 여러 개 사용할 때 편의성을 제공한다. 기본 Provider로도 여러 개 사용은 가능하다. 다음과 같이 중첩시키면 된다.

```
return Provider<String>.value(
        value: 'Shared Provider',
        child: Provider<int>.value(
            value: 100,
            child: MaterialApp(
                title: 'Flutter Demo App',
                initialRoute: '/page1',
                routes: {
                    '/page1': (context) => FirstPage(),
                    '/page2': (context) => SecondPage(),
                }),
        ),
    );
```

하지만 MultiProvider를 사용하면 다수의 위젯을 children으로 처리한 것처럼 providers로 처리할 수 있다. 그러면 가독성이 좋아진다. 예제 6.3을 다음과 같이 수정하여 MultiProvider를 사용할 수 있다.

예제 6.4 MultiProvider 사용

...

```
class StateDemo extends StatelessWidget {
    @override
    Widget build(BuildContext context) {
        return MultiProvider(
            providers: [
            Provider<String>.value(value: 'Shared Data'),
            Provider<int>.value(value: 100),
            ],
            child: MaterialApp(
                title: 'Flutter Demo App',
                initialRoute: '/page1',
                routes: {
                    '/page1': (context) => FirstPage(),
                    '/page2': (context) => SecondPage(),
                }),
            ); ①
    }
}
```

...

```
class FirstPageState extends State<FirstPage> {
    var data;
    var number;

    @override
    Widget build(BuildContext context) {
        data = Provider.of<String>(context, listen: true);
        number = Provider.of<int>(context, listen: true); ②
        return Scaffold(
            appBar: AppBar(
                title: Text('First Page'),
            ),
            body: Column(
                mainAxisAlignment: MainAxisAlignment.center,
                children: <Widget>[
                    Center(
                        child: RaisedButton(
                            onPressed: () {
                                Navigator.pushNamed(context, '/page2');
                            },
                            child: Text('Go to next page'),
                        ),
                    ),
                    Text('$data $number'), ③
                ],
            ));
    }
}

class SecondPage extends StatelessWidget {
    @override
    Widget build(BuildContext context) {
        return Scaffold(
            appBar: AppBar(
                title: Text("Second Page"),
            ),
            body: Column(
                mainAxisAlignment: MainAxisAlignment.center,
                children: <Widget>[
                    Center(
                        child: RaisedButton(
```

```
                        onPressed: () {
                            Navigator.pop(context);
                        },
                        child: Text('Go to previous page'),
                    ),
                ),
                Consumer2<String, int>(
                    builder: (context, value, number, child) {
                        return Text('$value $number');
                    },
                ), ④
            ],
        ));
    }
}
```

① : MultiProvider를 생성한다. Providers에 Provider들을 추가하면 된다.

② : int형으로 추가한 데이터를 가져온다.

③ : 새롭게 추가된 int형 데이터를 출력한다.

④ : Consumer의 사용법은 약간 변화가 있다. 일단 2개의 데이터를 읽어올 때는 Consumer2 클래스를 이용해야 한다. 참고로 Consumer 클래스는 Consumer부터 Consumer2~6까지 있다. builder 부분에 추가된 데이터를 읽어올 매개변수 number를 추가했다. 이 데이터를 Text() 위젯을 통해 보여준다.

---

**NOTE**

providers에 다음과 같이 같은 int형이 2개가 있다면 가장 하단에 있는 Provider가 사용된다. 따라서 데이터를 읽어오면 200이다.

```
providers: [
        Provider<String>.value(value: 'Shared Data'),
        Provider<int>.value(value: 100),
        Provider<int>.value(value: 200),
    ],
```

### 3) ChangeNotifierProvider

기존에는 변경된 데이터를 UI에 표시하기 위해서 setState()를 사용하여 재빌드를 했다. 플러터에는 이와 동일한 역할을 하는 ChangeNotifier 클래스를 제공한다. ChangeNotifierProvider는 ChangeNotifier와 같이 사용하여 상태 변경에 대한 알림을 받고 바로 UI에 적용할 수 있다.

예제 6.5 ChangeNotifierProvider 사용

```dart
import 'package:flutter/material.dart';
import 'package:provider/provider.dart';

void main() {
    runApp(StateDemo());
}

class Counter extends ChangeNotifier { ①
    int number = 0;

    void add() { ②
        number++;
        notifyListeners(); ③
    }
}

class StateDemo extends StatelessWidget {
    @override
    Widget build(BuildContext context) {
        return ChangeNotifierProvider<Counter>( ④
            create: (_) => Counter(), ⑤
            child: MaterialApp(
                title: 'Flutter Demo App',
                initialRoute: '/page1',
                routes: {
                    '/page1': (context) => FirstPage(),
                    '/page2': (context) => SecondPage(),
                }),
        );
    }
}

class FirstPage extends StatefulWidget {
    @override
    State<StatefulWidget> createState() => FirstPageState();
```

```dart
}

class FirstPageState extends State<FirstPage> {
    var counter;

    @override
    Widget build(BuildContext context) {
        counter = Provider.of<Counter>(context, listen: true); ⑥
        return Scaffold(
            appBar: AppBar(
                title: Text('First Page'),
            ),
            body: Column(
                mainAxisAlignment: MainAxisAlignment.center,
                children: <Widget>[
                    Center(
                        child: RaisedButton(
                            onPressed: () {
                                Navigator.pushNamed(context, '/page2');
                            },
                            child: Text('Go to next page'),
                        ),
                    ),
                    Text('${counter.number}'), ⑦
                ],
            ),
            floatingActionButton: FloatingActionButton( ⑧
                onPressed: () {
                    counter.add();
                },
                child: Icon(Icons.add),
                backgroundColor: Colors.blue,
            ),
        );
    }
}

class SecondPage extends StatelessWidget {
    var counter;

    @override
    Widget build(BuildContext context) {
```

```
                    counter = Provider.of<Counter>(context, listen: false); ⑨
                return Scaffold(
                    appBar: AppBar(
                        title: Text("Second Page"),
                    ),
                    body: Column(
                        mainAxisAlignment: MainAxisAlignment.center,
                        children: <Widget>[
                            Center(
                                child: RaisedButton(
                                    onPressed: () {
                                        Navigator.pop(context);
                                    },
                                    child: Text('Go to previous page'),
                                ),
                            ),
                            Consumer<Counter>( ⑩
                                builder: (context, counter, child) {
                                    return Text('${counter.number}');
                                },
                            ),
                        ],
                    ),
                    floatingActionButton: FloatingActionButton( ⑪
                        onPressed: () {
                            counter.add();
                        },
                        child: Icon(Icons.add),
                        backgroundColor: Colors.blue,
                    ),
                );
            }
        }
```

① : 모델로 사용할 ChangeNotifier를 상속받은 Counter 클래스를 정의한다. ChangeNotifier는 플러터 SDK에서 제공하는 클래스이며 변경 발생 시 리스너에게 알림을 보낸다.

② : 값을 증가시킬 수 있는 함수를 추가한다. 호출되면 add 값에 변경이 발생한다.

③ : ChangeNotifier를 상속받은 Counter 클래스는 notifyListeners()를 사용할 수 있다. notifyListeners() 함수는 모델을 수신하는 위젯에게 재빌드하도록 지시한다. 따라서 UI가 갱신된다.

④ : ChangeNotifierProvider를 생성한다.

⑤ : create 매개변수에 앞서 만든 Counter 클래스를 넘겨준다.

⑥ : Provider.of()로 데이터를 가져오며 데이터형은 Counter가 된다. 이때 주의할 점은 listen을 true로 해야 변경되었을 때 올바르게 갱신된다. listen의 기본값은 true이다.

⑦ : Counter 클래스 내 number 변수를 출력한다.

⑧ : Counter 클래스 내 number 변수의 값을 증가시키는 동작을 하기 위한 FloatingActionButton 위젯을 추가한다.

⑨ : 두 번째 화면에서 listen을 false로 하여 데이터를 가져왔다. 하지만 해당 데이터는 Consumer를 통해서 사용할 것이라 갱신에 대한 걱정을 하지 않아도 된다. 또한 공유 데이터이기 때문에 첫 번째 화면의 값이 유지된다.

⑩ : ChangeNotifier를 상속받은 Counter 클래스에 변경이 생기면 builder의 익명함수가 호출되어 Text() 위젯이 재빌드된다.

⑪ : 마찬가지로 number 변수의 값을 증가시키는 동작을 하기 위한 FloatingActionButton 위젯을 추가한다.

실행 화면은 다음과 같다.

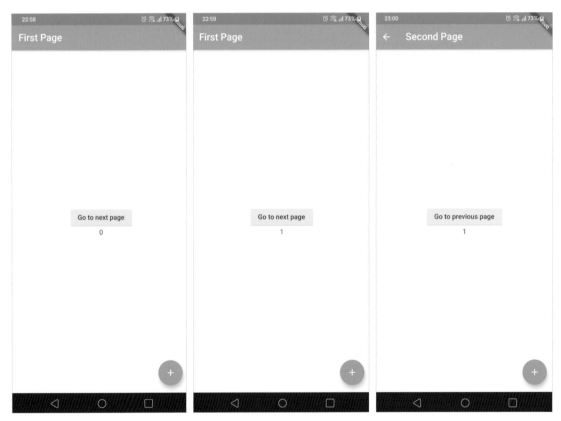

그림 6.4 ChangeNotifierProvider 실행 화면 (1/2)

처음 실행하면 값이 0인 화면이 나타난다. 플로팅 버튼을 누르면 값이 증가하다. 그러면 데이터가 변경되었기 때문에 UI가 갱신되어 1이 표시된다. 두 번째 화면으로 이동하면 Provider에서 가져온 데이터는 값을 잘 유지하고 있다.

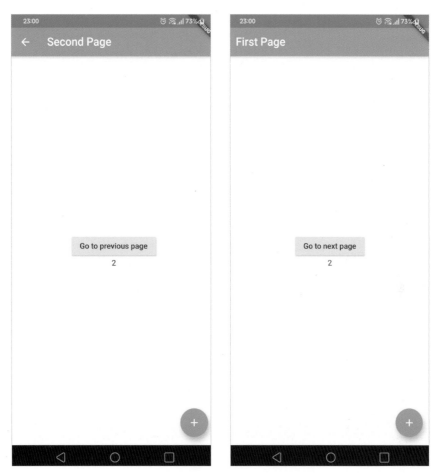

그림 6.5 ChangeNotifierProvider 실행 화면 (2/2)

두 번째 화면에서 다시 값을 증가시키면 2가 된다. 그 후 다시 첫 번째 화면으로 이동해도 변경된 값이 잘 유지된다.

애니메이션을 적용하면 사용자에게 좀 더 고품질의 앱 경험을 제공할 수 있다.

플러터에서는 애니메이션을 아주 쉽게 적용할 수 있다.

기본적으로 내장된 애니메이션뿐만 아니라 적절하게 커스텀도 가능하다.

또한 화면 전환 시에 애니메이션을 사용할 수 있는 Hero 위젯도 제공한다.

# Chapter. 07
# 애니메이션

애니메이션을 사용하면 움직이는 UI를 쉽게 만들 수 있다. 플러터는 다양한 형태의 애니메이션을 자체적으로 제공한다. 따라서 화려하고 부드러운 애니메이션을 간단하게 구현할 수 있다. 애니메이션은 크게 암시적 애니메이션과 명시적 애니메이션으로 나눌 수 있다. 이 장에서는 암시적 애니메이션과 명시적 애니메이션에 대해서 알아본다. 그리고 화면 전환에 사용되는 Hero 위젯도 살펴본다.

## 7.1 암시적 애니메이션

암시적 애니메이션은 속성에 새로운 속성을 지정하고 setState()와 같은 함수로 재빌드하도록 하면 애니메이션을 구동한다. 예를 들어 width를 100으로 지정한 상태에서 200으로 변경한 후 재빌드할 때 크기가 애니메이션으로 움직이면서 커진다.

암시적 애니메이션은 크게 두 가지로 나뉜다. 하나는 내장된 암시적 애니메이션인 AnimatedFoo이고 다른 하나는 내장된 애니메이션이 없는 위젯에 애니메이션을 적용할 때 사용하는 TweenAnimationBuilder이다. 이 두 가지를 살펴보자.

## 내장된 암시적 애니메이션

플러터에 기본적으로 내장된 암시적 애니메이션은 AnimatedFoo와 같은 형태의 이름을 가진다. Foo는 앞서 살펴보았던 몇몇 위젯들로 대체하면 된다. 예를 들면 Container 위젯에 애니메이션을 적용하려면 AnimatedContainer를 사용하면 된다. 내장된 암시적 애니메이션의 종류는 다음과 같다.

| 일반 위젯 | 애니메이션 위젯 |
| --- | --- |
| Align | AnimatedAlign |
| Container | AnimatedContainer |
| DefaultTextStyle | AnimatedDefaultTextStyle |
| Opacity | AnimatedOpacity |
| Padding | AnimatedPadding |
| PhysicalModel | AnimatedPhysicalModel |
| Positioned | AnimatedPositioned |
| PositionedDirectional | AnimatedPositionedDirectional |
| Theme | AnimatedTheme |

애니메이션을 적용하지 않고도 동적으로 크기를 변경할 수 있다. 하지만 시각적인 효과에서 오는 차이가 크다. 이런 차이는 사용자에게 앱 퀄리티의 문제로 다가온다.

직접 애니메이션을 사용하지 않은 예제와 사용한 예제를 살펴보자. 먼저 애니메이션을 사용하지 않은 예제를 작성한다. 앞서 작성했던 예제 5.3의 Container를 크기 변경이 가능하도록 수정해보자.

예제 7.1 Container 크기 변경 예제

```dart
import 'package:flutter/material.dart';

void main() => runApp(new WidgetDemo());

class WidgetDemo extends StatefulWidget { ①
    @override
    WidgetDemoState createState() => WidgetDemoState();
}

class WidgetDemoState extends State<WidgetDemo> {
    bool selected = false; ②

    @override
    Widget build(BuildContext context) {
        return new MaterialApp(
            title: 'Flutter Demo App',
            home: new Scaffold(
                appBar: new AppBar(
                    title: const Text('Container Demo'),
                ),
                body: GestureDetector( ③
                    onTap: () {
                        setState(() {
                            selected = !selected;
                        });
                    },
                    child: Container(
                        child: Text(
                            'This is Container Example.',
                            textAlign: TextAlign.center,
                            style: TextStyle(
                                fontSize: 15.0,
                            ),
                        ),
                        padding: EdgeInsets.all(80.0),
                        margin: EdgeInsets.all(50.0),
                        color: Colors.blue,
                        width: selected ? 250.0 : 310.0, ④
```

```
                height: selected ? 250.0 : 310.0,
            ),
          ),
        ),
      );
    }
}
```

① : 크기 변경을 적용하기 위해서 StatefulWidget으로 선언한다.

② : 터치 여부를 저장할 변수이다.

③ : GestureDetector는 Container처럼 onTap()과 같은 제스처 기능이 없는 위젯에 제스처가 가능하도록 하는 위젯이다. Container 전체를 감싸주면 된다. onTap()에서는 터치가 이뤄지면 setState()를 통해 selected 변수의 상태를 변경한다.

④ : selected 상태에 따라 가로, 세로의 크기를 변경한다.

실행 화면은 다음과 같다.

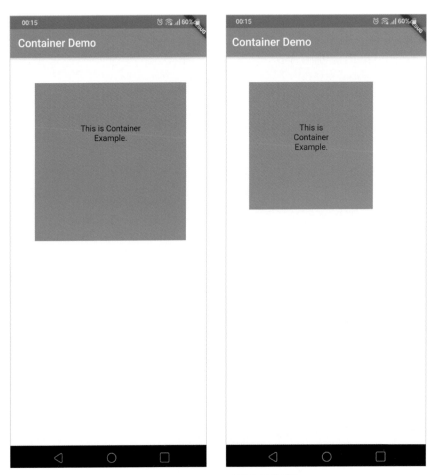

그림 7.1 Container 크기 변경 실행 화면

처음 실행하면 좌측 화면이 나오고 Container를 터치하면 우측 화면으로 전환된다. 이때는 순간적으로 크기가 툭 하고 변한다. 그러나 애니메이션을 적용하면 부드럽게 서서히 크기가 변경된다. 애니메이션 적용 방법은 다음과 같다.

예제 7.2 AnimatedContainer 사용

```
…
        body: GestureDetector(
            onTap: () {
                setState(() {
                    selected = !selected;
                });
            },
            child: AnimatedContainer( ①
                child: Text(
                    'This is AnimatedContainer Example.',
                    textAlign: TextAlign.center,
                    style: TextStyle(
                        fontSize: 15.0,
                    ),
                ),
                padding: EdgeInsets.all(80.0),
                margin: EdgeInsets.all(50.0),
                color: Colors.blue,
                width: selected ? 250.0 : 310.0,
                height: selected ? 250.0 : 310.0,
                duration: Duration(milliseconds: 500), ②
            ),
        ),
…
```

① : Container를 AnimatedContainer로 변경한다.

② : duration 매개변수에는 Duration 객체를 넘겨준다. 애니메이션이 지속되는 시간을 정하는 부분이다. 500m/s로 지정하면 그 시간 동안 크기가 변경되는 것이다.

실행 화면은 다음과 같다.

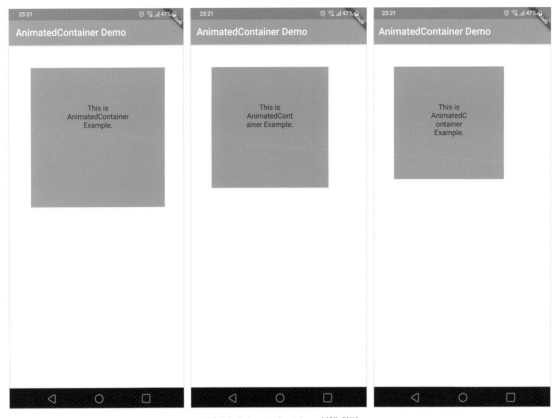

그림 7.2 AnimatedContainer 실행 화면

첫 화면과 마지막 화면은 예제 7.1의 결과와 같다. 처음 크기에서 마지막 크기로 변경되는 동작이기 때문
이다. 다만 애니메이션을 적용하면 중간 화면과 같이 크기가 조금씩 변하는 과정이 있기 때문에 부드럽게
움직인다. 지면으로는 그 차이를 체감하기 어려우니 반드시 실행해보길 권한다.

## TweenAnimationBuilder

기본으로 애니메이션이 내장되지 않은 위젯도 있다. 이런 위젯도 애니메이션 효과를 줄 수 있다. 바로
TweenAnimationBuilder를 사용하면 된다. TweenAnimationBuilder는 대상에 대한 값이 변경할 때 위
젯을 그 값에 따라 애니메이션화하도록 한다. 이때 애니메이션화되는 타입은 사용하는 Tween의 종류로
정해진다. 예를 들어 Color 위젯을 통해 색상을 변경하는 작업이라면 ColorTween을 사용한다. 기본 형
태인 Tween은 애니메이션의 처음과 끝 값을 double형의 0.0~1.0 사이의 값으로 적절히 매핑시켜 준다.
직접 코드를 실행해서 살펴보면 어떤 의미인지 이해하기 좀 더 쉽다.

다음 예제는 IconButton의 크기가 변경되는 애니메이션 구현 예제이다.

예제 7.3 TweenAnimationBuilder 사용

```dart
import 'package:flutter/material.dart';

void main() => runApp(new WidgetDemo());

class WidgetDemo extends StatefulWidget {
    @override
    State<StatefulWidget> createState() => WidgetDemoState();
}

class WidgetDemoState extends State<WidgetDemo> {
    double sizeValue = 100.0; ①

    @override
    Widget build(BuildContext context) {
        return new MaterialApp(
            title: 'Flutter Demo App',
            home: new Scaffold(
                appBar: new AppBar(
                    title: const Text('TweenAnimationBuilder Demo'),
                ),
                body: Center(
                    child: TweenAnimationBuilder( ②
                        tween: Tween<double>(begin: 0, end: sizeValue), ③
                        duration: Duration(seconds: 1), ④
                        builder: (BuildContext context, double size, Widget childWidget) { ⑤
                            return IconButton(
                                iconSize: size,
                                color: Colors.blue,
                                icon: childWidget, ⑥
                                onPressed: () {
                                    setState(() {
                                        sizeValue = sizeValue == 100.0 ? 200.0 : 100.0; ⑦
                                    });
                                },
                            );
                        },
                        child: Icon(Icons.sentiment_satisfied),
                    ),
                )),
        );
    }
}
```

① : sizeValue는 IconButton의 크기를 지정할 변수이다. 100으로 초기화했다.

② : TweenAnimationBuilder를 생성한다.

③ : Tween을 생성한다. Tween은 앞서 말했듯이 double형을 사용한다. begin은 초깃값이고 end는 마지막 값이다. 즉 앱을 처음 실행시키면 IconButton의 크기가 0에서 100으로 서서히 커지는 애니메이션이 적용된다.

④ : 애니메이션이 동작하는 시간을 지정한다. 1초 동안 서서히 IconButton이 커진다.

⑤ : builder 부분의 익명함수의 매개변수의 원형은 (BuildContext context, T value, Widget child)이다. 세 번째 인자인 Widget에는 TweenAnimationBuilder의 child에 있는 Widget이 전달된다.

⑥ : TweenAnimationBuilder의 child 매개변수에 있는 Icon 위젯을 넘겨 받은 childWidget을 icon 매개변수의 값으로 설정한다. TweenAnimationBuilder의 child를 넘겨받지 않고 Icon 위젯을 직접 선언해도 된다.

⑦ : IconButton을 눌렀을 때 sizeValue의 값을 변화시킨다. 그러면 새로운 sizeValue을 기준으로 IconWidget의 크기가 변하면서 애니메이션이 동작한다.

실행 화면은 다음과 같다.

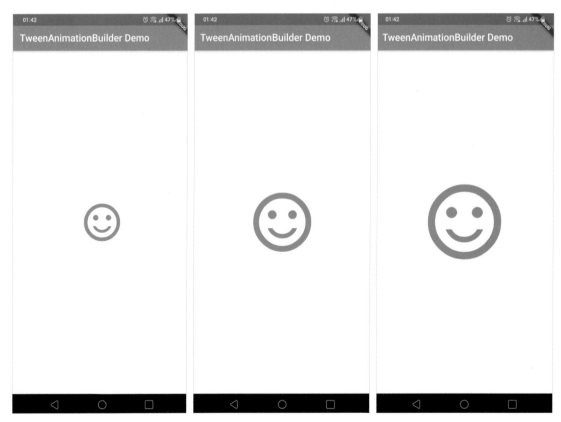

그림 7.3 TweenAnimationBuilder 실행 화면

⑥에서 언급한 TweenAnimationBuilder의 child를 넘겨받지 않고 Icon 위젯을 직접 선언하는 방법은 다음과 같다.

```
child: TweenAnimationBuilder(
            tween: Tween<double>(begin: 0, end: sizeValue),
            duration: Duration(seconds: 1),
            builder: (_, double size, __) { ①
                return IconButton(
                    iconSize: size,
                    color: Colors.blue,
                    icon: Icon(Icons.sentiment_satisfied), ③
                    onPressed: () {
                        setState(() {
                            sizeValue = sizeValue == 100.0 ? 200.0 : 100.0;
                        });
                    },
                );
            },
            child: Icon(Icons.sentiment_satisfied),  ②
        ),
```

① : 매개변수의 _(밑줄)와 __는 사용하지 않는 매개변수를 나타낸다. 문법적인 요소가 아니고 dart 스타일 가이드에 명시된 내용이다. 기존처럼 BuildContext context, double size, Widget childWidget을 그대로 쓰거나 aaa, bbb, ccc 등과 같이 사용해도 동작에는 무관하다.

② : ③에서 별도로 child를 명시했기 때문에 불필요한 내용이므로 삭제한다.

③ : child에 Icon 위젯을 직접 선언한다.

## 7.2 명시적 애니메이션

앞서 살펴본 암시적 애니메이션은 기본 애니메이션을 제공한다. 기본 애니메이션은 반복성이 없다. Tween에도 begin과 end가 있다. 즉 한 번 진행된 후 끝이다. 하지만 명시적 애니메이션은 애니메이션 동작이 처음으로 다시 되돌아가거나 반복적으로 동작하는 등의 제어를 할 수 있다. 명시적 애니메이션은 FooTransition의 형태이다. 종류는 다음과 같다.

| 명시적 애니메이션 위젯 | |
| --- | --- |
| SizeTransition | RotationTransition |
| FadeTransition | PositionedTransition |
| AlignTransition | DeciratedBoxTransition |
| ScaleTransition | DefaultTextStyleTransition |
| SlideTransition | RelativePositionedTransition |

FooTransition을 사용할 때는 크게 세 단계를 생각하면 된다.

① State에 SingleTickerProviderStateMixin 상속
② AnimationController 생성
③ RotationTransition 생성

SingleTickerProviderStateMixin 하나의 Ticker만을 제공한다. Ticker는 프레임이 트리거될 때마다 알림을 받길 원하는 객체에 사용하는 클래스이다. 하지만 일반적으로 AnimationController를 통해서 간접적으로 사용된다. 따라서 AnimationController의 vsync 매개변수에 넘겨주는 방식으로 사용한다. 이렇게 생성된 AnimationController는 RotationTransition의 turns 매개변수에 넘겨준다.

FooTransition 중에서 위젯이 회전하도록 하는 RotationTransition을 살펴보자. 앞선 예제 7.3은 위젯 크기가 변경되는 애니메이션이었다. 해당 예제에 RotationTransition을 적용하여 IconButton이 회전하는 애니메이션으로 변경한다.

예제 7.4 RotationTransition 사용

```
import 'package:flutter/material.dart';

void main() => runApp(new WidgetDemo());

class WidgetDemo extends StatefulWidget {
    @override
    WidgetDemoState createState() => WidgetDemoState();
}

class WidgetDemoState extends State<WidgetDemo>
        with SingleTickerProviderStateMixin { ①
    AnimationController _controller;

    @override
    void initState() {
        super.initState();
```

```
    _controller = AnimationController( ②
        duration: const Duration(seconds: 1),
        vsync: this,
    )..repeat();
}


@override
void dispose() {
    _controller.dispose(); ③
    super.dispose();
}


@override
Widget build(BuildContext context) {
    return new MaterialApp(
        title: 'Flutter Demo App',
        home: new Scaffold(
            appBar: new AppBar(
                title: const Text('RotationTransition Demo'),
            ),
            body: RotationTransition( ④
                alignment: Alignment.center,
                child: Center(
                    child: IconButton(
                        iconSize: 200.0,
                        color: Colors.blue,
                        icon: Icon(Icons.sentiment_satisfied),
                        onPressed: () { ⑤
                            if (_controller.duration.inSeconds == 1) {
                                _controller.duration = const Duration(seconds: 3);
                            } else {
                                _controller.duration = const Duration(seconds: 1);
                            }
                            _controller.repeat();
                        },
                    ),
                ),
                turns: _controller, ⑥
            ),
        ),
    );
}
}
```

① : SingleTickerProviderStateMixin을 상속받는다. with는 다중 상속이 가능하도록 하는 예약어이다.

② : AnimationController를 생성한다. duration 매개변수에는 애니메이션이 지속될 시간을 지정한다. vsync에는 TickerProvider를 넘겨줘야 한다. SingleTickerProviderStateMixin이 TickerProvider를 implements하고 있고 현재 클래스가 SingleTickerProviderStateMixin을 상속하고 있기 때문에 this로 현재 클래스를 넘겨준다. repeat()은 애니메이션을 반복적으로 실행하도록 하는 함수이다. 여기서 주목할 점은 AnimationController를 initState()에서 생성하였다는 것이다. 일반적으로 StatefulWidget에서 AnimationController를 사용할 때는 initState()에서 생성한다.

③ : initState()를 생성한 AnimationController는 메모리 누수를 방지하기 위해 더 이상 사용하지 않을 때 dispose해야 한다.

④ : RotationTransition을 생성한다. alignment는 회전이 될 중심점이다. 여기서는 정가운데로 지정하였다.

⑤ : IconButton 터치 시 duration을 변경하여 애니메이션 속도를 조절하도록 했다.

⑥ : turns 매개변수에는 AnimationController를 전달한다.

실행 화면은 다음과 같다.

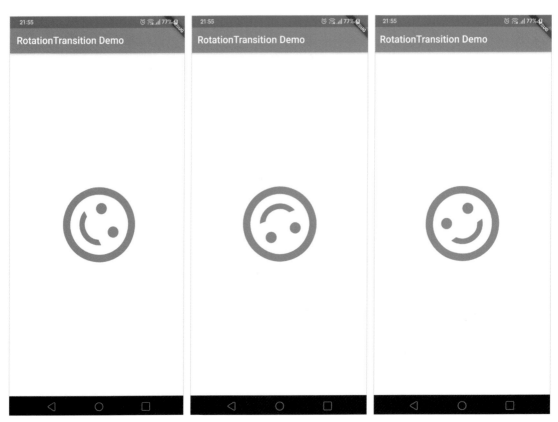

그림 7.4 RotationTransition 실행 화면

웃는 얼굴의 아이콘이 중심점을 가운데로 회전한다. 터치하면 회전 속도가 변경된다.

# Hero 위젯

앞서 살펴본 암시적/명시적 애니메이션은 한 화면에서 특정 위젯에 애니메이션 효과를 부여하는 데 사용하였다. Hero 위젯은 한 화면에서 다른 화면으로 이동할 때 애니메이션 효과를 제공한다. 따라서 Hero 위젯을 사용하면 부드러운 화면 전환을 구현할 수 있다.

Hero 위젯은 사용법도 간단하다. 화면 이동 전후에 애니메이션을 적용할 위젯을 Hero 위젯으로 둘러싸면 된다. 이때 주의할 점은 tag를 동일하게 지정해야 한다. 다음 예제를 살펴보자.

예제 7.5 Hero 위젯 사용

```
import 'package:flutter/material.dart';

void main() => runApp(new WidgetDemo());

class WidgetDemo extends StatelessWidget {
    @override
    Widget build(BuildContext context) {
        return MaterialApp(
            title: 'Flutter Demo App',
            home: FirstPage(),
        );
    }
}

class FirstPage extends StatelessWidget {
    @override
    Widget build(BuildContext context) {
        return Scaffold(
            appBar: new AppBar(
                title: const Text('Hero Demo FirstPage'),
            ),
            body: GestureDetector(
                onTap: () {
                    Navigator.push(
                        context, MaterialPageRoute(builder: (context) => SecondPage()));
                },
                child: Hero( ①
                    tag: 'icon', ②
                    child: Icon(
                        Icons.sentiment_satisfied,
```

```
                    size: 100.0,
                    color: Colors.blue,
                ),
            ),
        ),
      );
    }
}


class SecondPage extends StatelessWidget {
    @override
    Widget build(BuildContext context) {
        return Scaffold(
            appBar: new AppBar(
                title: const Text('Hero Demo SecondPage'),
            ),
            body: Center( ③
                child: GestureDetector(
                    onTap: () {
                        Navigator.pop(context);
                    },
                    child: Hero(
                        tag: 'icon', ④
                        child: Icon(
                            Icons.sentiment_satisfied,
                            size: 200.0,
                            color: Colors.blue,
                        ),
                    ),
                ),
            ),
        );
    }
}
```

① : 첫 화면의 Icon 위젯을 Hero 위젯으로 감싼다. Icon 위젯은 GestureDetector를 사용하여 터치 시 화면 이동을 하도록 한다. 이때 Icon 크기는 100이다. 화면을 이동하면서 크기를 확대할 것이다.

② : tag는 원하는 것으로 지정하면 된다. 주의할 점은 반드시 애니메이션을 적용할 다른 화면의 Hero 위젯과 동일한 tag를 사용해야 한다.

③ : 두 번째 화면의 Icon 위젯은 Center 위젯으로 위치를 조절했다. 좀 더 다이나믹한 애니메이션 효과를 확인하기 위해서이다.

④ : 두 번째 화면의 Icon 위젯도 Hero 위젯으로 둘러싸고 첫 화면의 tag와 동일한 tag를 지정한다. 첫 화면보다 Icon 크기를 크게 하기 위해 size를 200으로 지정한다.

실행 화면은 다음과 같다.

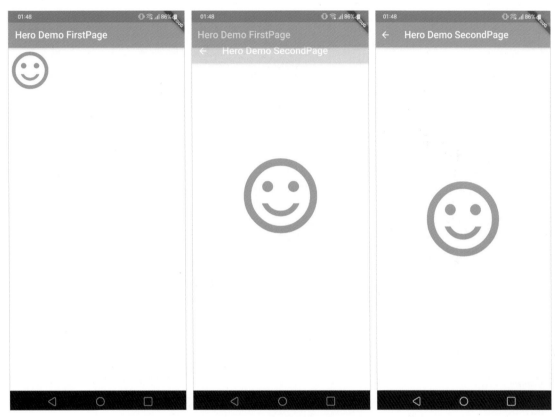

그림 7.5 Hero 위젯 실행 화면

Icon을 터치하면 애니메이션이 적용되면서 다음 화면으로 넘어가는 것을 확인할 수 있다.

앞서 배운 모든 내용들을 총동원하여 알람 및 날씨 앱을 만들어본다.

최대한 앞서 다룬 내용에서 큰 변화 없이 앱을 개발할 수 있도록 구성했다.

혹시 기억이 나지 않는 부분이 있다면 복습할 수 있는 기회라고 생각하고 다시 살펴보길 추천한다.

또한 배운 내용뿐만 아니라 실무에서 반드시 필요한 패키지 활용법을 추가적으로 다룬다.

# Chapter. 08
# 실전 프로젝트

이 장에서는 지금까지 배운 것을 활용하여 간단한 알람 및 날씨 앱을 구현한다. 최대한 학습한 범위 내의 위젯들을 사용하도록 구성하였으며 네이티브 구현이 필요한 부분을 없애고 순수히 플러터만 쓰도록 노력했다. 따라서 학습한 위젯 외 필요한 기능들은 패키지를 활용한다.

이 과정을 통해서 학습한 내용을 복습할 수 있으며 어떻게 활용할 수 있는지 알게 될 것이다.

## 8.1　알람 및 날씨 브리핑 앱 소개

지금부터 구현할 앱은 알람 및 날씨 앱이다. 앱의 최종 화면과 동작을 먼저 설명한 후 구현해보겠다. 최종 화면은 다음과 같다.

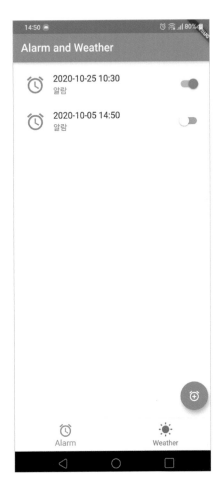

그림 8.1 최종 앱 화면

BottomNavigationBar를 사용해서 알람과 날씨 두 가지 탭으로 나눈다. 날씨 탭을 선택하면 간단하게 미리 설정된 도시의 간단한 날씨 정보를 보여준다.

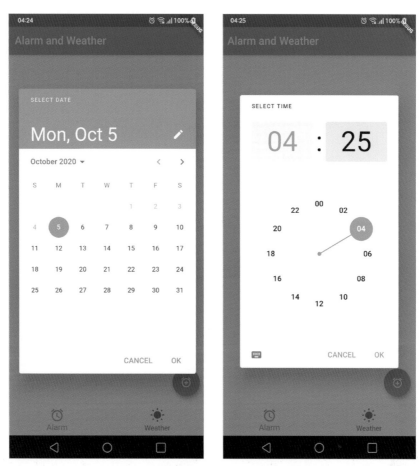

그림 8.2 플로팅 버튼을 누른 후 날짜/시간 입력 받기

알람 탭에서는 플로팅 버튼을 누르면 날짜와 시간을 순차적으로 입력받는다. 날짜와 시간 정보를 입력 받은 후에는 등록된 알람이 리스트에 추가된다. 또한 알람이 울리기 전까지 앱이 종료되지 않도록 백그라운드에서 동작하도록 서비스를 등록한다. 여기서 사용된 서비스는 포그라운드 서비스이다.

NOTE

안드로이드 개발 경험이 없다면 백그라운드와 포그라운드라는 용어 때문에 혼란스러울 수 있다. 백그라운드 동작이란 앱 화면이 사용자에게 보여지지 않는 상태에서도 계속 실행되는 동작이다. 안드로이드에서 서비스는 바로 이 동작을 하는 것을 의미한다. 그중에서 포그라운드 서비스는 사용자와 상호 작용이 없을 때도 계속 실행이 되는 특징을 가지고 있다. 대신 알림창에 항상 실행 정보가 표시된다. 안드로이드 8.0 오레오 이후 백그라운드 서비스는 앱 동작에 몇 가지 제한이 있다. 제한을 우회하는 방법도 있지만 그렇게 하려면 결국 네이티브를 다뤄야 한다. 따라서 여기서는 포그라운드 서비스를 이용한다.

리스트에는 알람 날짜 및 시간을 표시하고 On/Off를 위한 스위치가 있다. 만약 모든 알람이 Off가 된다면 포그라운드 서비스를 종료한다.

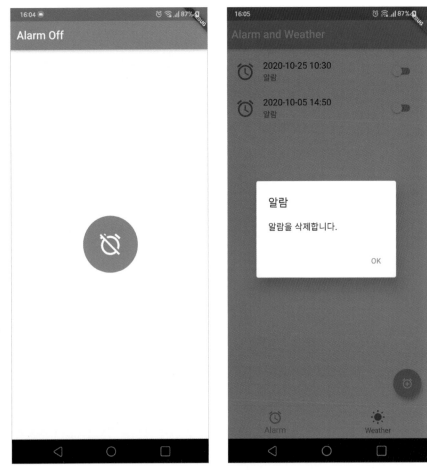

그림 8.3 알람 끄기 및 삭제

등록한 알람이 울리면 지정된 음악이 재생된다. 또한 앱이 실행 중이거나 홈 키를 눌러 화면만 보이지 않는 상태에서는 그림 8.3의 좌측처럼 알람을 끌 수 있는 별도의 화면이 나타난다. 이 화면을 통해서 알람을 끄면 해당 알람은 목록에서 삭제된다. 이미 지난 날짜의 알람은 불필요하기 때문이다. 단, 앱이 완전히 종료된 상태나 스마트폰의 화면을 껐을 때 해당 화면이 나타나지 않는 제약 사항이 있다. 이 경우는 직접 다시 앱을 실행시켜 스위치를 Off하면 된다. 이때는 알람을 삭제하지 않는다.

등록된 알람을 삭제하려면 우선 목록에서 삭제할 알람을 롱 터치한다. 그러면 팝업창이 나타나고 OK를 선택하면 제거된다(그림 8.3 우측 그림 참조).

여기까지가 앱의 전반적인 동작이다. 이제 각 기능을 하나씩 구현하면서 좀 더 세부적인 내용을 살펴본다.

프로젝트는 1장의 '1.3 첫 플러터 앱 실행'을 참고하여 기본적인 형태로 생성한다. 코드는 약 700여 라인이며 별도의 파일 분리 없이 main.dart 내에 모두 구현한다. 한 파일에 구현하는 것이 좋은 방법은 아니지만 코드 라인이 그리 많지 않고 예제를 따라할 때 혼란을 줄이기 위함이니 양해바란다.

## 8.2 패키지 준비

다트와 플러터를 개발할 때 사용할 수 있는 유용한 패키지들이 많다. 필요한 패키지는 https://pub.dev/에서 검색하여 사용할 수 있다. 이번 프로젝트 진행을 위해서 사용된 패키지는 다음과 같다. foreground_service는 추가적인 설정이 필요하기 때문에 일단 주석 처리를 한다.

```
dependencies:
    flutter:
        sdk: flutter
    android_alarm_manager: ^0.4.5+14
    shared_preferences: ^0.5.10
    audioplayers: ^0.16.1
#    foreground_service: ^2.0.1+1
    android_intent: ^0.3.7+4
    intl: ^0.16.1
    flutter_phoenix: ^0.1.0
    weather: ^1.2.3
```

pubspec.yaml에 위와 같이 dependencies를 추가하고 Pub get하여 패키지를 설치하면 된다. 각 패키지의 사용법을 자세히 알고 싶으면 pub.dev에서 확인하면 된다. 여기서는 기능 구현에 필요한 부분만 골라서 사용한다.

```
import 'package:flutter/material.dart';
import 'package:android_alarm_manager/android_alarm_manager.dart';
import 'dart:isolate';
import 'dart:ui';
import 'package:audioplayers/audio_cache.dart';
import 'package:audioplayers/audioplayers.dart';
import 'package:flutter/services.dart';
//import 'package:foreground_service/foreground_service.dart';
import 'package:android_intent/android_intent.dart';
import 'package:android_intent/flag.dart';
import 'package:intl/intl.dart';
import 'package:shared_preferences/shared_preferences.dart';
```

```
import 'package:flutter_phoenix/flutter_phoenix.dart';
import 'package:weather/weather.dart';
```

패키지 설치가 완료되면 main.dart에 다음과 같이 각 패키지들을 import한다. 패키지를 사용할 때마다 추가하면 설명이 반복되고 누락될 가능성도 있기 때문에 이렇게 한꺼번에 등록하고 시작한다.

## 8.3 기본 UI 구성

BottomNavigationBar와 FloatingActionButton으로 구성된 UI의 뼈대를 구성한다. 각 위젯은 앞서 해당 위젯 설명에서 사용한 코드와 거의 유사하니 참고하면서 진행하면 많은 도움이 될 것이다. 현재는 특별한 기능이 없기 때문에 BottomNavigationBar의 각 페이지에는 임시로 표시할 Text 위젯을 둔다. 또한 플로팅 버튼을 터치해도 아무런 반응이 없는 상태이다.

예제 8.1 기본 UI 구성

```
void main() {
    runApp(new AlarmWeather());
}

class AlarmWeather extends StatefulWidget {
    @override
    State<StatefulWidget> createState() => AlarmWeatherState();
}

class AlarmWeatherState extends State<AlarmWeather> {
    @override
    Widget build(BuildContext context) {
        return new MaterialApp(title: 'Flutter Project', home: MainPage(), routes: {
            '/page1': (context) => MainPage(), ①
            // '/page2': (context) => SecondPage(),
        });
    }
}

class MainPage extends StatefulWidget {
    @override
    _MainPageState createState() => _MainPageState();
}
```

```dart
class _MainPageState extends State<MainPage> {
    int _curPageIndex = 0;

    @override
    Widget build(BuildContext context) {
        // setRebirth(context);
        return new Scaffold(
            appBar: new AppBar(
                title: const Text('Alarm and Weather'),
            ),
            body: getPage(),
            floatingActionButton: getButton(),
            bottomNavigationBar: BottomNavigationBar(
                onTap: (index) {
                    setState(() {
                        _curPageIndex = index;
                    });
                },
                items: [
                    BottomNavigationBarItem(
                        icon: Icon(
                            Icons.alarm,
                            size: 30,
                            color: _curPageIndex == 0 ? Colors.blue : Colors.black54,
                        ),
                        title: Text(
                            "Alarm",
                            style: TextStyle(
                                fontSize: 15,
                                color: _curPageIndex == 0 ? Colors.blue : Colors.black54),
                        ),
                    ),
                    BottomNavigationBarItem(
                        backgroundColor: Colors.blue,
                        icon: Icon(
                            Icons.wb_sunny,
                            size: 30,
                            color: _curPageIndex == 1 ? Colors.blue : Colors.black54,
                        ),
                        title: Text(
                            "Weather",
                            style: TextStyle(
                                fontSize: 15,
                                color: _curPageIndex == 1 ? Colors.blue : Colors.black54),
```

```dart
          ),
        )
      ],
    ),
  );
}

Widget getPage() {
  Widget page;
  switch (_curPageIndex) {
    case 0:
      page = alarmPage();
      break;
    case 1:
      page = weatherPage();
      break;
  }
  return page;
}

FloatingActionButton getButton() {
  FloatingActionButton button;
  switch (_curPageIndex) {
    case 0:
      button = alarmAddButton();
      break;
    case 1:
      button = null; ②
      break;
  }
  return button;
}

FloatingActionButton alarmAddButton() {
  return FloatingActionButton(
    tooltip: 'Add Alarm',
    child: Icon(Icons.alarm_add),
    onPressed: () {
    },
  );
}

ListView alarmPage() {
  return ListView(
```

```
        children: <Widget>[
            Text('Empty...'),
        ],
    );
  }

  Center weatherPage() {
      return Center(
          child: Text('Loading...'),
      );
  }
}
```

① : 현재는 다른 화면으로 이동하는 경우가 없지만 추후 알람 발생 시 종료 화면으로 넘어가야 하기 때
   문에 Route를 설정한다.

② : 날씨 정보를 제공할 때는 플로팅 버튼이 불필요하기 때문에 제거한다.

실행 화면은 다음과 같다.

그림 8.4 기본 UI 실행 화면

알람 기능은 생각보다 복잡한 요소가 많다. 따라서 워밍업으로 두 번째 탭인 날씨 안내부터 먼저 구현한다. 이제부터는 예제 8.1의 기본 UI 코드를 바탕으로 추가되는 코드 부분만 살펴본다.

날씨 안내는 weather 패키지를 사용하면 아주 쉽게 구현할 수 있다. weather 패키지의 안내 부분(https://pub.dev/packages/weather)을 보면 수신되는 정보의 예시는 다음과 같다.

```
Place Name: Kongens Lyngby [DK] (55.77, 12.5)
Date: 2020-07-13 17:17:34.000
Weather: Clouds, broken clouds
Temp: 17.1 Celsius, Temp (min): 16.7 Celsius, Temp (max): 18.0 Celsius,  Temp (feels like): 13.4 Celsius
Sunrise: 2020-07-13 04:43:53.000, Sunset: 2020-07-13 21:47:15.000
Weather Condition code: 803
```

여기서 사용할 정보는 Weather의 Clouds에 해당하는 부분이다. Weather는 Clear, Clouds, Rain로 구성된 세 가지 정보를 제공한다.

예제 8.2 날씨 안내 구현

```
class _MainPageState extends State<MainPage> {
    int _curPageIndex = 0;
    String _weatherStr; ①

    @override
    Widget build(BuildContext context) {
        // setRebirth(context);
        return new Scaffold(
            appBar: new AppBar(
                title: const Text('Alarm and Weather'),
            ),
            body: getPage(),
            floatingActionButton: getButton(),
            bottomNavigationBar: BottomNavigationBar(
                onTap: (index) {
                    setState(() {
                        _curPageIndex = index;
                    });
                    if (index == 1) {
                        getWeather(); ②
                    }
```

```
                },
…
(중략)
…
    Center weatherPage() { ③
        if (_weatherStr != null) {
            if (_weatherStr.contains('Clear')) {
                return Center(
                    child: Column(
                        mainAxisAlignment: MainAxisAlignment.center,
                        children: <Widget>[
                            Text(
                                '서울',
                                style: TextStyle(fontSize: 30.0),
                            ),
                            Icon(
                                Icons.wb_sunny,
                                color: Colors.blue,
                                size: 150.0,
                            ),
                            Text(
                                '맑음',
                                style: TextStyle(fontSize: 30.0),
                            ),
                        ]));
            } else if (_weatherStr.contains('Clouds')) {
                return Center(
                    child: Column(
                        mainAxisAlignment: MainAxisAlignment.center,
                        children: <Widget>[
                            Text(
                                '서울',
                                style: TextStyle(fontSize: 30.0),
                            ),
                            Icon(
                                Icons.cloud,
                                color: Colors.blue,
                                size: 150.0,
                            ),
                            Text(
                                '흐림',
                                style: TextStyle(fontSize: 30.0),
                            ),
```

```
                            ]));
            } else if (_weatherStr.contains('Rain')) {
                return Center(
                    child: Column(
                        mainAxisAlignment: MainAxisAlignment.center,
                        children: <Widget>[
                                Text(
                                    '서울',
                                    style: TextStyle(fontSize: 30.0),
                                ),
                                Icon(
                                    Icons.grain,
                                    color: Colors.blue,
                                    size: 150.0,
                                ),
                                Text(
                                    '비',
                                    style: TextStyle(fontSize: 30.0),
                                ),
                        ]));
            } else {
                return Center(
                    child: Text('Can\'t find weather information'),
                );
            }
        } else {
            return Center(
                child: Text('Loading...'),
            );
        }
    }

Future<Weather> getWeather() async { ④
    String key = '856822fd8e22db5e1ba48c0e7d69844a';
    String cityName = 'Seoul';
    WeatherFactory wf = WeatherFactory(key);
    Weather weather = await wf.currentWeatherByCityName(cityName);
    setState(() {
        _weatherStr = weather.toString();
    });
    return weather;
    }
}
```

① : 날씨 정보를 저장할 변수이다.

② : 날씨 탭을 선택했을 때 날씨 정보를 수신하도록 한다.

③ : 날씨 정보를 표시해주는 부분이다. 기본 UI 구성 시 단순 텍스트를 보여준 곳이다. 앱을 처음 켜서 날씨 탭에 진입 시 날씨 정보를 수신하는 데 조금 시간이 걸린다. 따라서 _weatherStr이 null일 때는 정보를 수신하기 전이므로 기존에 보여준 Loading이라는 텍스트를 표시한다. 날씨 정보가 수신되면 State를 갱신하기 때문에 화면이 변경된다. 수신되는 날씨 정보 중에서 이용할 것은 맑음, 흐림, 비이며 각각 Clear, Clouds, Rain으로 수신된다. 해당 날씨 문자열이 포함되면 각 정보에 맞는 아이콘과 상태 텍스트를 보여준다.

④ : 날씨 정보를 수신하는 함수이다. key는 패키지 예제에서 제공하는 테스트용 key를 그대로 사용했다. 위도와 경도 정보로 날씨 정보를 가져올 수 있지만 도시명으로도 가능하다. 여기서는 도시명을 사용하기 위해 currentWeatherByCityName() 함수를 이용한다. 예를 들어 매개변수에 Seoul을 넘겨주면 서울의 날씨 정보를 수신한다. 좀 더 앱을 발전시키고 싶다면 도시명을 입력받거나 GPS 정보를 이용해 현재 위치의 날씨 정보를 가져올 수 있다.

실행 화면은 다음과 같다.

그림 8.5 날씨 안내 실행 화면

알람 구현은 날씨에 비해서 다소 복잡하기 때문에 다음과 같이 6단계로 나누어 구현한다.

### STEP 1 포그라운드 서비스 생성

foreground_service 패키지를 사용하여 포그라운드 서비스를 생성한다. 포그라운드 서비스를 생성하면 뒤로가기나 최근 앱 목록에서 앱을 종료시켜도 백그라운드에서 서비스가 계속 동작하기 때문에 알람 시간이 되면 알람이 동작한다. 참고로 설정의 앱 정보에 진입하여 강제 종료하는 경우에는 서비스도 종료된다.

앞서 foreground_service 패키지는 추가 설정이 필요하여 주석 처리를 했었다(8.2절 참조). 일단 주석 처리를 제거한다.

그 후 AndroidManifest.xml을 연다. AndroidManifest은 아래 경로에 있다.

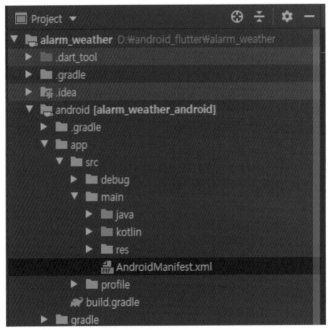

그림 8.6 AndroidManifest.xml 경로

이곳에 추가할 것은 권한과 서비스, 리시버 정보이다. 기존 파일에서 다음과 같이 푸른 글씨로 된 부분을 해당 위치에 추가하면 된다.

```xml
<manifest xmlns:android="http://schemas.android.com/apk/res/android"
    package="com.project.alarm_weather">
    <!-- io.flutter.app.FlutterApplication is an android.app.Application that
        calls FlutterMain.startInitialization(this); in its onCreate method.
        In most cases you can leave this as-is, but you if you want to provide
        additional functionality it is fine to subclass or reimplement
        FlutterApplication and put your custom class here. -->
    <uses-permission android:name="android.permission.RECEIVE_BOOT_COMPLETED"/>
    <uses-permission android:name="android.permission.WAKE_LOCK"/>
    <application
        android:name="io.flutter.app.FlutterApplication"
        android:label="alarm_weather"
        android:icon="@mipmap/ic_launcher">
        <service
            android:name="io.flutter.plugins.androidalarmmanager.AlarmService"
            android:permission="android.permission.BIND_JOB_SERVICE"
            android:exported="false"/>
        <receiver
            android:name="io.flutter.plugins.androidalarmmanager.AlarmBroadcastReceiver"
            android:exported="false"/>
        <receiver
            android:name="io.flutter.plugins.androidalarmmanager.RebootBroadcastReceiver"
            android:enabled="false">
        <intent-filter>
            <action android:name="android.intent.action.BOOT_COMPLETED"></action>
        </intent-filter>
        </receiver>

        <activity
            android:name=".MainActivity"
            android:launchMode="singleTop"
            android:theme="@style/LaunchTheme"
            android:configChanges="orientation|keyboardHidden|keyboard|screenSize|smallestScreenSize|locale|layoutDirection|fontScale|screenLayout|density|uiMode"
            android:hardwareAccelerated="true"
            android:windowSoftInputMode="adjustResize">
```

또 한 가지 주의할 점은 해당 패키지는 compileSdkVersion 및 targetSdkVersion 버전이 29 이상이어야
한다. compileSdkVersion과 targetSdkVersion은 그림 8.6에서 AndroidManifest.xml 하단에 있는 build.
gradle에서 확인 및 변경할 수 있다.

해당 파일을 열어 확인하여 버전이 낮으면 수정한다. 만약 29 미만으로 설정되어 있을 시 빌드 에러가 발생할 것이다.

```
android {
    compileSdkVersion 29

    sourceSets {
        main.java.srcDirs += 'src/main/kotlin'
    }

    lintOptions {
        disable 'InvalidPackage'
    }

    defaultConfig {
        // TODO: Specify your own unique Application ID (https://developer.android.com/
studio/build/application-id.html).
        applicationId "com.project.alarm_weather"
        minSdkVersion 16
        targetSdkVersion 29
        versionCode flutterVersionCode.toInteger()
        versionName flutterVersionName
    }

    buildTypes {
        release {
            // TODO: Add your own signing config for the release build.
            // Signing with the debug keys for now, so `flutter run --release` works.
            signingConfig signingConfigs.debug
        }
    }
}
```

여기까지 설정한 후에 앱을 다시 빌드한다. 만약 설정이 제대로 되었다면 정상적으로 빌드가 될 것이다.

빌드는 정상적으로 되더라도 마지막으로 한 가지 더 설정해야 할 것이 있다. 바로 notification에서 사용할 icon 파일을 넣어주는 것이다. Icon 파일은 이 패키지에서 지정한 파일명이 있다. 바로 다음과 같이 파일명을 지정해야 한다.

```
org_thebus_foregroundserviceplugin_notificationicon.png
```

그림 8.7과 같이 해당 파일은 drawable 폴더에 넣어줘야 한다. 만약 Icon 파일이 누락된다면 실제 서비스 실행 시 에러가 발생하여 정상적으로 서비스가 동작하지 않는다. 다시 말해 런타임 에러가 발생한다.

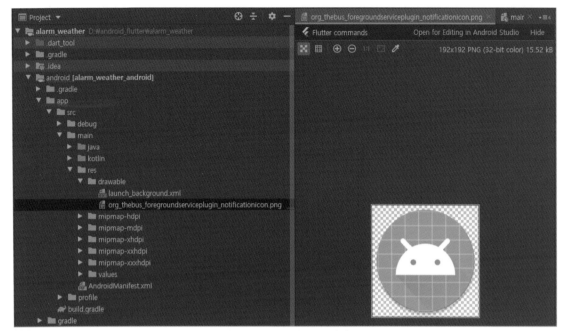

그림 8.7 notification icon 파일 등록

설정을 완료했다면 포그라운드 서비스 생성은 다음과 같이 하면 된다. 일단 해당 함수를 현재 코드상 가장 마지막 라인에 추가해놓고 서비스를 실행시켜야 할 시점에 호출할 것이다.

예제 8.3 foreground server 생성 함수

```
void startService(DateTime dateTime) async {
    if (!(await ForegroundService.foregroundServiceIsStarted())) {
        await ForegroundService.setServiceIntervalSeconds(10); ①

        await ForegroundService.notification.startEditMode();
        await ForegroundService.notification.setTitle("등록된 알람"); ②
        await ForegroundService.notification.setText("$dateTime");
        await ForegroundService.notification.finishEditMode();

        await ForegroundService.startForegroundService(foregroundServiceFunction); ③
        await ForegroundService.getWakeLock(); ④
    }

    await ForegroundService.setupIsolateCommunication((data) {
        debugPrint("main received: $data"); ⑤
    });
```

```
}

void foregroundServiceFunction() { ⑥
    debugPrint("The current time is: ${DateTime.now()}");

    if (!ForegroundService.isIsolateCommunicationSetup) {
        ForegroundService.setupIsolateCommunication((data) {
            debugPrint("bg isolate received: $data");
        });
    }

    ForegroundService.sendToPort("message from bg isolate");
}
```

① : 서비스 함수가 호출되는 주기를 설정한다. 10초로 설정했다.

② : 포그라운드 서비스는 알림창에 알림이 발생한다. 해당 notification의 타이틀과 내용을 간단히 설정하는 부분이다.

③ : 서비스를 실행하고 인자로 호출될 서비스 함수를 넘겨준다. foregroundServiceFunction가 10초마다 호출된다.

④ : CPU가 깨어 있도록 Wake lock을 설정한다(참고로 네이티브에서는 Wake lock이 무분별한 사용에 유의하라고 한다. 왜냐하면 설정 시 배터리 소모가 심하기 때문이다).

⑤ : 서비스가 시작되면 백그라운드의 isolate와 메시지를 주고 받는 함수이다.

⑥ : 서비스 실행 시 호출되는 함수이다. 로그로 현재 시간을 출력하기 때문에 확인해보면 10초에 한 번씩 실행되는 것을 확인할 수 있다.

**STEP 2** 신규 알람 등록

신규 알람 등록은 플로팅 버튼을 누르는 것으로 시작한다. 플로팅 버튼을 누르면 날짜와 시간을 선택할 수 있도록 한다. 이 동작은 DatePicker와 TimePicker를 사용하면 된다.

일단 가장 먼저할 것은 알람 정보를 담을 클래스를 정의하는 것이다. 다음과 같이 AlarmInfo 클래스를 정의한다. 날짜, 시간 정보와 해당 알람의 On/Off 정보를 저장하는 클래스이다.

예제 8.4 AlarmInfo 클래스

```
class AlarmInfo {
    DateTime _alarmDate;
    TimeOfDay _alarmTime;
    bool _isAlarmOn;
```

```
        AlarmInfo(DateTime date, TimeOfDay time, bool on) {
            this._alarmDate = date;
            this._alarmTime = time;
            this._isAlarmOn = on;
        }

        setAlarmDate(DateTime date) {
            _alarmDate = date;
        }

        getAlarmDate() {
            return _alarmDate;
        }

        setAlarmTime(TimeOfDay time) {
            _alarmTime = time;
        }

        getAlarmTime() {
            return _alarmTime;
        }

        setAlarmOn(bool on) {
            _isAlarmOn = on;
        }

        isAlarmOn() {
            return _isAlarmOn;
        }
}
```

알람 정보를 담을 클래스를 만들었으니 이제 실제로 알람 정보를 생성해야 한다. 알람 정보 생성은 플로팅 버튼을 눌러서 진행한다. 이때 사용될 함수인 selectDate(), selectTime()를 먼저 다음과 같이 구현한다.

예제 8.5 날짜와 시간 정보 설정 함수

```
class _MainPageState extends State<MainPage> {
…
(중략)
…
```

```
    Future<DateTime> selectDate(BuildContext context) {
        return showDatePicker(
            context: context,
            initialDate: DateTime.now(),
            firstDate: DateTime.now(),
            lastDate: DateTime(2999));
    }

    Future<TimeOfDay> selectTime(BuildContext context) {
        return showTimePicker(context: context, initialTime: TimeOfDay.now());
    }
...
}
```

함수의 내용을 보면 알 수 있듯이 selectDate(), selectTime()은 각각 DatePicker와 TimePicker를 실행하는 함수이다. Future 함수로 선언한 이유는 await를 사용해 각 데이터를 입력받은 후에 다음 단계를 진행할 수 있도록 하기 위함이다. 참고로 DatePicker의 firstDate를 현재로 설정한 이유는 과거 시간을 알람으로 등록할 수 없게 하기 위해서이다.

FloatingActionButton의 onPressed 동작은 다음과 같다.

예제 8.6 FloatingActionButton 터치 동작 구현

```
class _MainPageState extends State<MainPage> {
    bool _isAlarmOn = false;
    int _alarmID = 0;
    DateTime _date = DateTime.now();
    TimeOfDay _time = TimeOfDay.now();
...
(중략)
...
    FloatingActionButton alarmAddButton() {
        return FloatingActionButton(
            tooltip: 'Add Alarm',
            child: Icon(Icons.alarm_add),
            onPressed: () {
                selectDate(context).then((value) {
                    _date = value; ①
                    if (_date != null) {
                        selectTime(context).then((value) {
                            _time = value; ②
                            if (_time != null) {
```

```
                                    _date = DateTime(_date.year, _date.month, _date.day, _time.
hour, _time.minute); ③
                                    //setAlarmManager();
                                    //addItemToList();
                            } else {
                                _time = TimeOfDay.now();
                            }
                        });
                    } else {
                        _date = DateTime.now();
                    }
                });
            },
        );
    }
```

① : DatePicker를 통해 선택한 날짜 정보를 _date 변수에 저장한다. 만약 날짜를 선택하지 않고 DatePicker 창을 닫으면 _date 변수가 null이기 때문에 null 체크를 한다.

② : 날짜가 정상적으로 선택되었다면 TimePicker를 통해서 시간 정보를 받아 _time 변수에 저장한다. 시간 정보 또한 같은 이유로 null 체크를 한다.

③ : 실제 알람 매니저에 넘겨줄 날짜+시간 조합을 생성하기 위해서 _date의 시간 정보를 _time 정보로 바꿔준다.

이 작업이 끝나면 알람 매니저를 통해서 실제로 알람을 등록해야 한다. 그 역할을 하는 것이 주석 처리된 setAlarmManager() 함수이다. 또 다른 함수인 addItemToList()는 등록된 알람을 리스트에 추가하는 함수이다. 아직 리스트를 추가하기 위한 리스트뷰를 생성하지 않았기 때문에 먼저 setAlarmManager() 함수를 구현한다.

예제 8.7 알람 매니저를 통한 알람 등록

```
class _MainPageState extends State<MainPage> {
    int _alarmID = 0;
…
(중략)
…
    void setAlarmManager() async {
        await AndroidAlarmManager.initialize();
        await AndroidAlarmManager.oneShotAt(
            _date,
            _alarmID,
            startAlarm,
```

```dart
            exact: true,
        ); ①
        //await saveAlarmID(_listIndex - 1, _alarmID);
        _alarmID++;
        startService(_date); ②
    }
} // End of _MainPageState

void startAlarm() async {
    print('startAlarm()');
    AudioCache player = AudioCache();
    AudioPlayer audioPlayer = await player.loop('good_morning.mp3'); ③

    ReceivePort receivePort = new ReceivePort();
    IsolateNameServer.registerPortWithName(receivePort.sendPort, 'player'); ④
    receivePort.listen((message) {
        if (audioPlayer == null) {
            print('audioPlayer is null!');
        } else {
            audioPlayer.stop(); ⑤
        }
        receivePort.close();
        IsolateNameServer.removePortNameMapping('player');
        print('player received $message');
    });

    // SendPort sendPort = IsolateNameServer.lookupPortByName('rebirth');
    // sendPort.send('start');
}

void stopAlarm() {
    print('stopAlarm()');
    SendPort sendPort = IsolateNameServer.lookupPortByName('player'); ⑥
    if (sendPort != null) {
        sendPort.send('stop'); ⑦
    }
}
```

① : oneShotAt()은 정해진 시간에 한 번 동작하는 알람을 생성한다. 첫 번째 매개변수는 앞서 생성한
_date 값을 넘겨준다. 그 정보에 해당하는 시간에 알람이 동작한다. 두 번째 매개변수는 알람을 구
별하기 위한 알람의 ID 값이다. 세 번째 매개변수는 알람 발생 시 실행되는 콜백 함수이다. exact에
true를 설정한 것은 정확한 시간에 알람이 실행될 수 있도록 네이티브에 알려주는 것이다.

② : 알람이 등록되면 알람이 울릴 때까지 앱이 종료되면 안 된다. 따라서 앞서 구현한 포그라운드 서비스를 실행한다.

③ : 음악 파일을 재생하는 부분이다. loop는 반복 재생을 의미한다. 이때 음악 파일은 Image 위젯 학습 시 배운 assets를 등록하여 사용해야 한다. 그림 4.2를 참고하여 assets 폴더를 생성하고 해당 폴더에 음악 파일을 넣는다. 그리고 pubspec.yaml에 등록까지 잊지 말아야 한다.

④ : player라는 이름을 가진 receiverPort.send port를 등록한다. 해당 receiverPort의 역할은 알람을 종료하기 위해서 StopAlarm() 함수와 통신하기 위한 것이다.

⑤ : StopAlarm() 함수에서 stop이라는 메시지가 전달되면 음악을 종료한다.

⑥ : player라는 이름을 가진 port를 찾는다. 앞서 등록한 receiverPort.send를 가져오게 된다.

⑦ : 알림음을 끄기 위해 receiverPort에게 stop 메시지를 보낸다.

몇 가지 주석 처리된 부분이 있는데 일단은 그대로 두고 추가해놓는다.

여기까지 완료한 후 빌드하여 앱을 실행하면 알람이 실제로 동작하는 것을 확인할 수 있다.

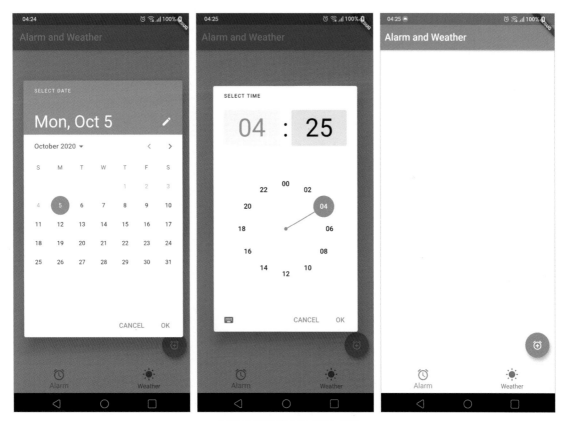

그림 8.8 알람 등록 후 서비스 실행

플로팅 버튼을 누르면 먼저 DatePicker가 나타난다. 날짜를 선택한 후 OK를 누르면 바로 TimePicker가 나타난다. 시간을 설정한 후 OK를 누른다. 그러면 곧 알림창에 notification이 뜬다. 포그라운드 서비스가 동작하는 것이다. 그 후 설정한 알람 시각이 되면 알람음이 울린다. 현재는 알람음을 끄거나 포그라운드 서비스를 종료하는 버튼이 없기 때문에 앱을 지우거나 강제 종료하도록 한다.

STEP 3 **등록된 알람 목록 생성**

알람이 등록되면 addItemToList()를 통해서 등록한 알람을 목록에 추가해야 한다. 그러나 아직 ListView가 준비되지 않았다. 따라서 등록한 알람을 화면에 표시하기 위한 ListView를 구현한다. 텍스트만 덩그러니 보여주던 ListView에 다음과 같은 구성의 ListTile을 추가한다.

그림 8.9 ListTile 구성

Title은 AlarmInfo의 데이터를 가져와서 표시해야 하는 부분이다. 또한 trailing의 스위치는 On/Off에 대한 동작 처리가 필요하다. 이 부분은 알람이 목록에 추가되어야 상호 작용이 가능하다.

예제 8.8 ListTile() 구현

```
class _MainPageState extends State<MainPage> {
final List<AlarmInfo> alarmList = <AlarmInfo>[]; ①
bool _isAlarmOn = false; ②
int _listIndex = 0; ③
…
(중략)
…
    void addItemToList() { ④
        setState(() {
            _isAlarmOn = true;
            // saveAlarmInfo(_listIndex, _date, _time.format(context), _isAlarmOn);
            alarmList.insert(_listIndex, AlarmInfo(_date, _time, _isAlarmOn));
            _listIndex++;
            // saveAlarmCount(_listIndex);
        });
    }
```

```dart
    ListView alarmPage() {
        return ListView.builder(
            padding: const EdgeInsets.all(8),
            itemCount: alarmList.length,
            itemBuilder: (BuildContext context, int index) {
                if (alarmList.isEmpty) {
                    return Text('Alarm is empty!');
                }
                return AlarmTile(alarmList, index); ⑤
            });//return
    }
…
}


class AlarmTile extends StatefulWidget {
    final List<AlarmInfo> _alarmInfo;
    final int _index;

    AlarmTile(this._alarmInfo, this._index);

    @override
    State<StatefulWidget> createState() => AlarmTileState();
}


class AlarmTileState extends State<AlarmTile> {
    bool _isChecked;

    @override
    Widget build(BuildContext context) {
        if (widget._alarmInfo.isEmpty) {
            return ListTile(
                title: Text('등록된 알람이 없습니다.'),
                subtitle: Text('알람을 등록해주세요.'),
            );
        }
        _isChecked = widget._alarmInfo[widget._index].isAlarmOn(); ⑥
        final f = new DateFormat('yyyy-MM-dd H:mm');
        int counterForAlarmOn = 0;
        return ListTile(
            leading: Icon(
                Icons.alarm,
                size: 40,
```

```dart
        ),
        title:
        Text('${f.format(widget._alarmInfo[widget._index].getAlarmDate())}'),
        subtitle: Text('알람'),
        trailing: Switch(
            value: _isChecked,
            onChanged: (value) async {
                setState(() {
                    _isChecked = value;
                });

                widget._alarmInfo[widget._index]
                    .setAlarmOn(!widget._alarmInfo[widget._index].isAlarmOn()); ⑦
                // var alarmID = await getAlarmID(widget._index);
                var alarmID = widget._index; ⑧
                if (widget._alarmInfo[widget._index].isAlarmOn()) {
                    AndroidAlarmManager.oneShotAt(
                        widget._alarmInfo[widget._index].getAlarmDate(),
                        alarmID,
                        startAlarm,
                        exact: true,
                    ); ⑨
                } else {
                    AndroidAlarmManager.cancel(alarmID);
                    stopAlarm(); ⑩
                }

                for (int i = 0; i < widget._alarmInfo.length; i++) {
                    if (widget._alarmInfo[i].isAlarmOn() == true) {
                        counterForAlarmOn++; ⑪
                    }
                }
                if (counterForAlarmOn == 0) {
                    ForegroundService.stopForegroundService();
                } else {
                    startService(widget._alarmInfo[widget._index].getAlarmDate());
                    counterForAlarmOn = 0;
                }
                // saveAlarmInfo(
                //      widget._index,
                //      widget._alarmInfo[widget._index].getAlarmDate(),
                //      (widget._alarmInfo[widget._index].getAlarmTime()).format(context),
                //      widget._alarmInfo[widget._index].isAlarmOn());
```

```
                },
            ),
            onLongPress: () async {
                // await showAlertDialog(context, widget._alarmInfo, widget._index);
                // Phoenix.rebirth(context);
            },
        );
    }
}
```

① : 등록된 알람에 대한 정보(AlarmInfo)를 저장할 List이다.

② : 알람의 On/Off에 대한 정보를 가지는 변수이다.

③ : 등록된 알람의 리스트 인덱스를 관리하는 용도의 변수이다.

④ : 알람을 목록에 추가하는 함수이다. 처음 등록 시에는 알람이 On되어야 하므로 _isAlarmOn을 true 로 설정한다. 그리고 DatePicker와 TimePicker를 통해서 날짜와 시간 정보를 받은 _date, _time 과 함께 AlarmInfo 객체를 생성하여 List에 넣어준다. 이때 setState로 감싸져 있기 때문에 추가된 AlarmInfo 객체는 곧바로 ListView UI에 반영된다.

⑤ : ListTile로 알람 정보에 대한 List와 index를 넘겨준다. Index를 통해서 목록을 구별할 수 있다.

⑥ : 스위치의 상태를 결정하는 _isChecked를 알람 정보의 On/Off 값으로 초기화한다. 현재는 초기 등 록 후 진입하는 단계이기 때문에 항상 true라 On 상태이다. 하지만 추후 저장된 알람 정보를 불러올 때는 Off된 값이 있을 수도 있다.

⑦ : 스위치를 터치하면 알람 On/Off 정보를 갱신한다.

⑧ : _alarmID를 리스트의 인덱스로 설정했다. 이것은 지금 단계에서 임시적인 조치이다. 처음 알람을 등록하면 _alarmID와 _index가 (0, 0)과 같이 페어한 상태이기 때문에 큰 문제가 없다. 다만 추후 알 람 삭제 기능이 추가되면 _index가 변경되기 때문에 재정렬하는 과정이 필요하다.

⑨ : 스위치를 상태가 변경될 때 On인 상태일 때는 알람을 실행한다.

⑩ : 반대로 Off일 때는 알람을 취소한다.

⑪ : 목록 중에 알람이 On되어 있는지를 탐색한다. 만약 하나라도 있다면 포그라운드 서비스를 계속 유 지하고 없다면 포그라운드 서비스를 종료하기 위함이다.

여기까지 구현된 상태에서 빌드하면 다음과 같이 알람 목록이 생성되는 것을 확인할 수 있다.

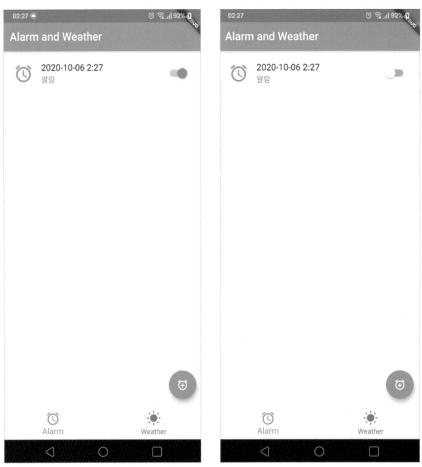

그림 8.10 알람 목록 생성

알람을 등록하면 포그라운드 서비스가 시작되고 등록된 알람이 목록에 나타난다. 알람이 울리기 전에 스위치를 Off 하면 해당 알람은 취소된다. 알람이 울리기 시작한 상태라면 스위치 Off 시 알람음을 끌 수 있다. 여러 개의 알람이 등록된 상태에서는 모든 알람을 Off했을 때만 포그라운드 서비스가 종료된다. 이 과정이 정상 동작한다면 제대로 구현한 것이다.

### STEP 4 알람 종료 화면 띄우기

알람이 울리면 알람을 끌 수도 있어야 한다. 현재는 스위치를 Off하는 방법으로 알람을 끌 수 있다. 하지만 보통 알람 앱은 알람이 울리면 별도의 화면이 나타나면서 알람을 끌 수 있도록 한다. 그러한 화면을 추가할 것이다. 단 앞서 말했듯이 앱을 뒤로가기로 종료하거나 최근 앱 목록에서 삭제하면 새로운 화면으로 이동이 되지 않는 제약이 있다. 앱이 실행되는 중이거나 홈 키를 눌러서 앱을 빠져나간 경우에 한하여 알람 종료 화면이 나타난다.

알람 종료 화면 UI는 다음과 같이 구성한다.

### 예제 8.9 알람 종료 화면 UI 구성

```
class SecondPage extends StatelessWidget {
    @override
    Widget build(BuildContext context) {
        return Scaffold(
            appBar: AppBar(
                title: Text("Alarm Off"),
            ),
            body: Container(
                alignment: Alignment.center,
                margin: EdgeInsets.all(150.0),
                decoration: BoxDecoration(
                    shape: BoxShape.circle,
                    color: Colors.blue,
                ),
                child: IconButton(
                    icon: Icon(Icons.alarm_off), ①
                    iconSize: 50.0,
                    color: Colors.white,
                    tooltip: 'Alarm Off',
                    onPressed: () {
                        stopAlarm(); ②
                        SystemNavigator.pop(); ③
                    },
                ),
            ),
        );
    }
}
```

① : 알람을 *끄기* 위한 IconButton을 추가한다.

② : IconButton을 눌렀을 때 알람을 끈다.

③ : 알람을 끈 후 앱 화면도 끈다. 홈 화면에서 알람이 울렸을 경우엔 알람을 *끄면* 다시 홈 화면으로 이동한 것과 같다.

알람 종료 화면의 UI가 구성되었으니 이제 Route를 이용해 이동할 수 있도록 한다. 다음과 같이 앞서 주석 처리를 했던 routes 부분의 주석을 제거한다. 또한 _ MainPageState의 setRebirth() 함수의 주석도 제거한다. 이 함수의 용도는 다음에서 설명한다.

```
class AlarmWeatherState extends State<AlarmWeather> {
    @override
     Widget build(BuildContext context) {
        return new MaterialApp(title: 'Flutter Project', home: MainPage(), routes: {
            '/page1': (context) => MainPage(),
            '/page2': (context) => SecondPage(),
        });
    }
}

class _MainPageState extends State<MainPage> {
…
(중략)
…

    @override
    Widget build(BuildContext context) {
        setRebirth(context);
        return new Scaffold(
            appBar: new AppBar(
                title: const Text('Alarm and Weather'),
            ),
…
}
```

그 다음은 알람이 울렸을 때 알람 종료 화면을 호출하는 부분을 구현한다. 앱이 켜져 있는 상태라면 단순히 Navigator를 이용하면 된다. 하지만 홈 화면으로 나간 상태일 때는 Intent를 이용하여야 한다. Intent는 안드로이드 네이티브에서 다양한 역할을 하는데 주로 화면 이동 및 데이터 전달하는 데 많이 쓰인다. 여기서도 사용하는 용도도 화면 이동의 한 범위이다.

이때 Intent로 앱이 화면을 다시 호출하고 Navigator로 알람 종료 화면으로 이동하는 부분은 다음과 같다. startAlarm() 함수를 통해 알람이 울리면 isolate 메시지를 통해서 화면 이동에 대한 처리를 위한 트리거를 전달한다. 메시지를 받아서 처리하는 함수가 setRebirth() 함수이다.

예제 8.11 화면 전환을 위한 setRebirth() 함수 구현

```
void startAlarm() async {
…
(중략)
…
```

```
    SendPort sendPort = IsolateNameServer.lookupPortByName('rebirth'); ①
    sendPort.send('start');
}

void setRebirth(BuildContext context) {
    print('setRebirth()');

    ReceivePort receivePort = new ReceivePort();
    IsolateNameServer.removePortNameMapping('rebirth');
    IsolateNameServer.registerPortWithName(receivePort.sendPort, 'rebirth'); ②
    receivePort.listen((message) {
        if (message == 'start') {
            print('rebirth received $message');
            AndroidIntent intent = AndroidIntent(
                package: 'com.project.alarm_weather',
                componentName: 'com.project.alarm_weather.MainActivity',
                flags: <int>[
                    Flag.FLAG_ACTIVITY_CLEAR_TOP,
                    Flag.FLAG_ACTIVITY_SINGLE_TOP
                ]);
            intent.launch(); ③
            Navigator.pushReplacementNamed(context, '/page2'); ④
            receivePort.close();
            IsolateNameServer.removePortNameMapping('rebirth');
        }
    });
}
```

① : rebirth라는 이름을 가진 SendPort를 찾는다.

② : SendPort는 _MainPageState가 build될 때 setRebirth() 함수를 호출하여 생성하기 때문에 startAlarm() 이 호출되기 전에 미리 생성된다.

③ : Intent를 생성하여 시스템에 전달한다. package 정보는 AndroidManifest.xml의 최상단에 있다. componentName은 package에 더불어 실행하고자 하는 액티비티명까지 적어주면 된다. 기본적으로 MainActivity이다.

④ : 앱 화면을 다시 띄운 후에는 바로 알람 종료 화면으로 넘어간다.

여기까지 구현한 후 앱을 실행해보자. 등록한 알람이 울리면 다음 그림과 같은 화면이 나타난다. 이때 중앙의 아이콘을 누르면 알람음이 꺼지고 홈 화면으로 이동한다.

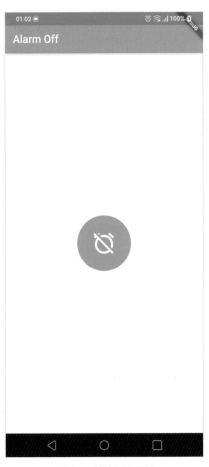

그림 8.11 알람 종료 화면

현재 IconButton 동작만으로는 아직 문제가 하나 있다. 바로 알람음은 종료되지만 포그라운드 서비스는 여전히 유지된다는 점이다. 이것은 스위치로 알람을 끌 때처럼 알람 On/Off 정보를 확인하는 별도의 처리가 필요하다.

해당 처리는 알람 정보를 저장한 후 저장된 알람 정보를 불러와서 하도록 한다. 왜냐하면 이제 앱을 껐다 켜도 알람 목록을 유지하도록 알람 정보를 저장하는 기능을 추가할 것이기 때문이다.

**STEP 5** 등록된 알람 정보 저장하기

알람 정보는 SharedPreference를 사용하여 저장한다. SharedPreference는 안드로이드에서 기본적으로 제공하며 간단한 데이터를 저장하기에 편리하다. 다만 플러터에서 사용하기 위해서는 별도의 패키지를 추가해야 한다. 앞서 프로젝트에 사용될 모든 패키지를 추가했기 때문에 목록을 살펴보면 SharedPreference 패키지가 보일 것이다.

저장할 데이터는 리스트ID, 날짜, 시간, 알람 On/Off 정보, 알람ID, 등록된 알람 수이다. 각 데이터를 저장하고 불러오는 함수는 다음과 같다. 가장 복잡한 saveAlarmInfo()와 getAlarmInfo()를 살펴보자.

예제 8.12 알람 정보 저장 관련 함수

```
Future<bool> saveAlarmID(int listID, int alarmID) async {
    SharedPreferences prefs = await SharedPreferences.getInstance();
    return await prefs.setInt('alarm_id_' + listID.toString(), alarmID);
}

Future<int> getAlarmID(int listID) async {
    SharedPreferences prefs = await SharedPreferences.getInstance();
    return prefs.getInt('alarm_id_' + listID.toString()) ?? 100;
}

void saveAlarmCount(int count) async {
    SharedPreferences prefs = await SharedPreferences.getInstance();
    await prefs.setInt('count', count);
}

Future<int> getAlarmCount() async {
    SharedPreferences prefs = await SharedPreferences.getInstance();
    return prefs.getInt('count') ?? 0;
}

Future<bool> saveAlarmInfo(
        int listID, DateTime date, String time, bool on) async {
    SharedPreferences prefs = await SharedPreferences.getInstance(); ①

    String dateStr = DateFormat('yyyy-MM-dd H:mm:ss').format(date); ②

    List<String> alarmInfoList = List(); ③
    alarmInfoList.add(listID.toString());
    alarmInfoList.add(dateStr);
    alarmInfoList.add(time);
    alarmInfoList.add(on.toString());

    return await prefs.setStringList(listID.toString(), alarmInfoList); ④
}

Future<List<dynamic>> getAlarmInfo(int id) async {
    SharedPreferences prefs = await SharedPreferences.getInstance();
```

```
    List<String> defaultData = List(); ⑤
    String defaultDate = DateFormat('yyyy-MM-dd H:mm:ss').format(DateTime.now());
    String defaultTime = '00:00';

    defaultData.add('100');
    defaultData.add(defaultDate);
    defaultData.add(defaultTime);
    defaultData.add('default');

    List<String> loadData = prefs.getStringList(id.toString()) ?? defaultData; ⑥
    List<dynamic> parseData = [100, 200, DateTime.now(), TimeOfDay.now(), false]; ⑦

    parseData[0] = int.parse(loadData[0]);
    parseData[1] = DateFormat('yyyy-MM-dd H:mm:ss')
        .parse(loadData[1] ?? defaultDate);
    parseData[2] = TimeOfDay(
        hour: int.parse(loadData[2].split(":")[0] ?? defaultTime.split(":")[0]),
        minute: int.parse(
            loadData[2].split(":")[1] ?? defaultTime.split(":")[1]));

    if ((loadData[3] ?? 'false') == 'true') {
        parseData[3] = true;
    } else {
        parseData[3] = false;
    }

    return parseData;
}
```

---

① : 이 앱을 위한 SharedPreference를 가져온다.

② : SharedPreference가 저장을 지원하는 데이터형은 int, double, bool, String, StringList이다. DateTime은 지원하지 않기 때문에 String으로 변환한다. TimeOfDay도 마찬가지로 변환을 해야 한다. 그런데 변환 시 context가 필요하기 때문에 함수 외부에서 변환을 완료하고 String 매개변수로 전달받는다.

③ : StringList를 만들어서 전달받은 데이터를 담는다.

④ : 데이터가 저장된 List를 SharedPreference에 저장한다. SharedPreference는 키, 값으로 저장한다. 이때 키를 리스트ID로 한다. 그러면 리스트ID는 ListView의 인덱스였기 때문에 목록 하나하나에 필요한 정보를 가져와서 보여줄 수 있다.

⑤ : 데이터를 가져올 때는 요청 키에 아무런 값이 없는 경우를 고려하려 기본값을 설정한다.

⑥ : 만약 요청한 키에 대한 List가 null이면 defualtData를 사용한다.

⑦ : 데이터를 저장할 때 모두 String으로 변환했기 때문에 불러올 때는 다시 원래의 타입으로 변경한다. 그 데이터를 담을 List가 parseData이다. 다양한 타입을 받기 위해서 〈dynamic〉으로 선언했다. 각 데이터를 원래의 타입으로 변환한 후 parseData에 담고 해당 List를 리턴해준다.

데이터 저장 및 가져오기 함수를 모두 추가했다면 지금까지 구현한 내용 중에 주석 처리된 관련 함수의 주석을 모두 제거한다.

예제 8.13 데이터 저장 및 가져오기 관련 함수 주석 제거

```dart
void addItemToList() {
    setState(() {
        _isAlarmOn = true;
        saveAlarmInfo(_listIndex, _date, _time.format(context), _isAlarmOn);
        alarmList.insert(_listIndex, AlarmInfo(_date, _time, _isAlarmOn));
        _listIndex++;
        saveAlarmCount(_listIndex);
    });
}


void setAlarmManager() async {
…
    await saveAlarmID(_listIndex - 1, _alarmID);
    _alarmID++;
…
}


class AlarmTileState extends State<AlarmTile> {
  …
            var alarmID = await getAlarmID(widget._index);
  …
            saveAlarmInfo(
                widget._index,
                widget._alarmInfo[widget._index].getAlarmDate(),
                (widget._alarmInfo[widget._index].getAlarmTime()).format(context),
                widget._alarmInfo[widget._index].isAlarmOn());
        },
      ),
    );
  }
}
```

아직까지 앱을 껐다 켜도 목록이 유지되는 단계는 아니다. 저장된 목록을 보여주기 위해서는 처음 앱 실행 시 데이터를 가져오는 과정이 필요하다.

예제 8.14 앱 실행 시 저장된 데이터 가져오기

```dart
class _MainPageState extends State<MainPage> {
…
(중략)
…

    Future<Null> getInitData() async {  ①
        var count = await getAlarmCount();  ②
        for (int i = 0; i < count; i++) {
            var value = await getAlarmInfo(i);  ③
            if (!(value[0] == 100)) {  ④
                var alarmID = await getAlarmID(value[0]);  ⑤
                setState(() {
                    alarmList.insert(_listIndex, AlarmInfo(value[1], value[2], value[3]));  ⑥
                    saveAlarmInfo(
                        _listIndex, value[1], value[2].format(context), value[3]);  ⑦
                    saveAlarmID(_listIndex, alarmID);
                        _listIndex++;
                    saveAlarmCount(_listIndex);
                });
            }
        }
    }

    @override
    void initState() {  ⑧
        print('initState()');
        super.initState();
        getInitData();
    }
…
(중략)
…
}
```

① : 저장된 데이터를 가져오기 위한 함수이다.

② : 등록된 알람 수를 가져온다.

③ : 등록된 알람 수만큼 알람 정보를 가져온다. 여기서 가져온 정보는 List〈dynamic〉이다.

④ : 가져온 List⟨dynamic⟩에서 첫 번째 인덱스의 값은 리스트ID이다. 해당 값이 100이라는 것은 저장된 것이 없어 defaultData를 가져왔다는 의미이다. 따라서 100이 아닐 때가 유의미한 데이터이므로 이 경우에만 나머지 작업을 진행한다.

⑤ : 리스트ID에 해당하는 알람ID를 가져온다.

⑥ : ListTile에 넘겨주기 위한 alarmList에 가져온 데이터를 담는다. setState()에서 진행되었기 때문에 담고 난 후 재빌드되어 실제 화면이 갱신된다.

⑦ : 리스트에 표시된 순서에 맞춰 다시 데이터를 저장한다.

⑧ : StatefulWidget에서 앱 실행 시 처음 한 번 호출되는 것이 initState()이다. 따라서 initState()에서 방금 구현한 함수를 호출하면 된다.

여기까지 진행한 후 빌드하여 앱을 실행시키면 알람을 등록한 후 앱을 완전히 종료했다가 다시 켜도 등록된 알람 목록이 유지된다.

## STEP 6  저장된 알람 삭제

프로젝트의 마지막 단계로 저장된 알람을 삭제하는 기능을 추가한다. 알람 삭제는 알람 목록 중에서 삭제하고 싶은 대상을 롱 터치 했을 때 팝업창을 띄워서 제거한다. 그리고 알람 종료 화면에서 알람을 끌 때도 해당 알람을 제거한다. 따라서 삭제하고자 하는 대상의 인덱스를 알아야 하고 목록의 중간 지점에 있는 알람이 사라지면 다음에 있는 목록들을 하나씩 앞으로 당겨야 한다.

먼저 저장된 알람 관련 데이터를 삭제하는 함수는 다음과 같다.

예제 8.15 데이터 제거 관련 함수

```
Future<bool> removeAlarmInfo(int id, BuildContext context) async {
    print('removeAlarmInfo()');
    SharedPreferences prefs = await SharedPreferences.getInstance();
    int count = await getAlarmCount();
    int i = 0;
    for (i = id; i < count; i++) { ①
        var myFuture = await getAlarmInfo(i);
        var myNextFuture = await getAlarmInfo(i + 1);
        var alarmID = await getAlarmID(myNextFuture[0]);

        await saveAlarmInfo(
            myFuture[0], myNextFuture[1], myNextFuture[2].format(context), myNextFuture[3]); ②

        await saveAlarmID(myFuture[0], alarmID); ③

        if (myNextFuture[0] == 100) { ④
```

```
                break;
            }
        }
        prefs.remove(i.toString());
        removeAlarmID(i);

        checkStopService();
        return true;
    }


    void removeAlarmID(int listID) async {
        SharedPreferences prefs = await SharedPreferences.getInstance();
        prefs.remove('alarm_id_' + listID.toString()); ⑤
    }


    void checkStopService() async {
        print('checkStopService()');
        int counterForAlarmOn = 0;
        var count = await getAlarmCount();
        for (int i = 0; i < count; i++) {
            var myFuture = await getAlarmInfo(i);
            if (myFuture[3]) {
                counterForAlarmOn++;
            }
        }

        if (counterForAlarmOn == 0) {
            ForegroundService.stopForegroundService(); ⑥
        }
    }
```

① : 삭제 대상의 인덱스부터 전체 알람 수만큼 탐색한다.

② : 삭제 대상의 리스트ID를 키 값으로 삭제 대상 다음 인덱스에 있던 정보들을 담는다. 삭제 대상의 위치에 그 다음에 있던 정보를 덮어씌우는 격이다.

③ : 알람ID도 동일하게 하나씩 당겨온다.

④ : 리스트ID가 100이라면 해당 키에 대한 저장된 값이 없다는 의미이므로 반복문을 종료한다.

⑤ : 삭제 대상 인덱스의 저장된 알람ID를 삭제한다.

⑥ : 예제 8.8에서 스위치 On/Off 시 포그라운드 서비스를 종료하기 위한 조건을 체크하는 로직과 동일하다. 차이점은 알람 On/Off 값을 저장된 데이터에서 가져온다는 점이다.

데이터를 삭제하는 함수는 준비가 완료되었으니 롱 터치로 띄워질 팝업창을 다음과 같이 구현한다.

Widget에서 배운 AlertDialog를 팝업창으로 사용한다.

예제 8.16 데이터 삭제 팝업창

```
Future<bool> showAlertDialog(
        BuildContext context, List<AlarmInfo> alarmInfo, int index) async =>
    showDialog(
      context: context,
      builder: (BuildContext context) {
        return AlertDialog(
          title: Text('알람'),
          content: SingleChildScrollView(
            child: ListBody(
              children: <Widget>[
                Text('알람을 삭제합니다.'),
              ],
            ),
          ),
          actions: <Widget>[
            FlatButton(
              child: Text('OK'),
              onPressed: () async {
                await removeAlarmInfo(index, context); ①
                AndroidAlarmManager.cancel(index); ②
                stopAlarm(); ③
                Navigator.pop(context); ④
                return true;
              },
            ),
          ],
        );
      },
    );
```

① : 팝업창에서 OK 버튼을 누르면 저장된 알람을 삭제하는 함수를 호출한다.

② : 만약 삭제하는 알람 중에 예정된 알람이 있었다면 그 예약은 취소한다.

③ : 알람음이 울리고 있는 경우라면 알람음을 끈다.

④ : 팝업창을 닫는다.

팝업창까지 구성했으면 실제로 팝업창을 호출하는 롱 터치하는 부분을 구현한다. 예제 8.8에서 주석 처리되어 있던 부분의 주석을 풀면 된다.

예제 8.17 팝업창 호출 및 UI 갱신

```
class AlarmTileState extends State<AlarmTile> {
…
(중략)
…
            onLongPress: () async {
                await showAlertDialog(context, widget._alarmInfo, widget._index); ①
                Phoenix.rebirth(context); ②
            },
        );
    }
}
```

① : 롱 터치는 ListTile에서 onLongPress 부분에서 인식한다. 따라서 다음과 같이 해당 부분에서 앞서 구현한 팝업창을 호출하면 된다.

② : 삭제된 정보를 UI에 갱신하기 위해서 Phoenix 패키지 사용하여 앱을 재시작하도록 한다. rebirth() 하기 전에 재시작을 위해 앱 최상단 위젯을 Phoenix로 감싸는 설정을 해야 한다. main()을 다음과 같이 수정한다.

```
void main() {
    runApp(Phoenix(
        child: new AlarmWeather(),
    ));
}
```

여기까지 구현한 내용을 빌드해서 테스트해보면 알람 삭제가 정상적으로 이뤄지는 것을 확인할 수 있다.

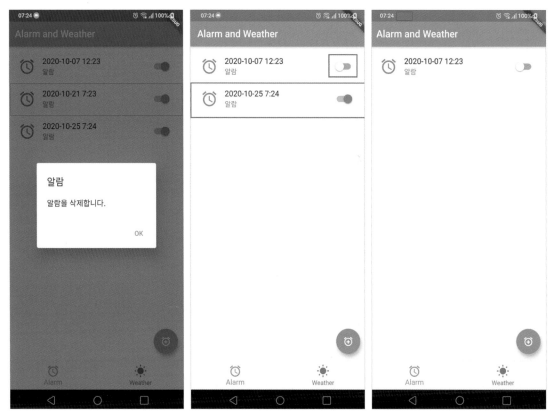

그림 8.12 등록된 알람 삭제

좌측 그림의 가운데 알람을 롱 터치하여 삭제하면 가운데 그림처럼 2개의 알람만 남는다. 여기서 첫 번째 알람을 끄고 두 번째 알람을 또 삭제하면 켜진 알람이 없기 때문에 우측 그림 알림창에서 보듯이 포그라운드 서비스가 종료된다.

마지막으로 알람 종료 화면에서 알람을 끌 때 해당 알람을 삭제하는 기능을 구현한다. 이때 조금 더 고려해야 할 부분은 목록에서 특정 알람을 사용자가 직접 선택하는 것이 아니라, 현재 울리고 있는 알람을 끄고 삭제해야 한다는 것이다. 현재 울리고 있는 알람을 찾는 방법은 등록된 알람 중에서 알람 On인 상태이며 가장 가까운 시간의 알람을 선택하면 된다.

예제 8.18 SecondPage()에서 알람 삭제하기

```
class SecondPage extends StatelessWidget {
    @override
    Widget build(BuildContext context) {
        return Scaffold(
            appBar: AppBar(
                title: Text("Alarm Off"),
```

```dart
                ),
            body: Container(
                alignment: Alignment.center,
                margin: EdgeInsets.all(150.0),
                decoration: BoxDecoration(
                    shape: BoxShape.circle,
                    color: Colors.blue,
                ),
                child: IconButton(
                    icon: Icon(Icons.alarm_off),
                    iconSize: 50.0,
                    color: Colors.white,
                    tooltip: 'Alarm Off',
                    onPressed: () async {
                        List<String> dateList = List();
                        var count = await getAlarmCount();
                        for (int i = 0; i < count; i++) {
                            var myFuture = await getAlarmInfo(i);
                            if (myFuture[3]) { ①
                                String date =
                                    DateFormat('yyyy-MM-dd H:mm:ss').format(myFuture[1]) +
' ' + myFuture[2].format(context);
                                dateList.add(date);
                            }
                        }

                        dateList.sort((a, b) => a.compareTo(b)); ②

                        int counterForAlarmOn = 0;
                        for (int i = 0; i < count; i++) {
                            var myFuture = await getAlarmInfo(i);
                            if (myFuture[3]) {
                                counterForAlarmOn++; ③
                            }
                        }

                        if (dateList.isNotEmpty) {
                            for (int i = 0; i < count; i++) {
                                var myFuture = await getAlarmInfo(i);
                                String date =
                                    DateFormat('yyyy-MM-dd H:mm:ss').format(myFuture[1]) +
' ' + myFuture[2].format(context);
                                if (dateList[0] == date) { ④
```

```
                        await removeAlarmInfo(i, context);
                        counterForAlarmOn--; ⑤
                        if (counterForAlarmOn == 0) {
                            ForegroundService.stopForegroundService();
                        } else {
                            counterForAlarmOn = 0;
                        }
                        stopAlarm();
                        SystemNavigator.pop();
                        break;
                    }
                }
            }
        },
        ),
      ),
    );
  }
}
```

① : 알람 On/Off 정보 중 On인 알람 정보만 dateList에 담는다. On되어 있는 알람만이 실제 알람 동작을 하기 때문이다. 알람이 On되어 있는 알람 정보에서 DateTime 정보와 TimeOfDay정보를 가져와서 하나의 String으로 합친 후 그 값을 dateList에 넣는다.

② : dateList를 정렬한다. 그러면 가장 가까운 시일순으로 정렬된다. 즉 현재 울리고 있는 알람 정보를 얻을 수 있다.

③ : 포그라운드 서비스를 종료 유무를 판별하기 위해서 On인 상태의 알람 수를 체크한다.

④ : 전체 알람 정보를 가져와서 앞서 찾아낸 현재 울리는 알람 정보와 동일한지 확인한다. 만약 맞다면 해당 알람은 지운다.

⑤ : 알람을 지울 때 알람 취소를 하기 때문에 알람 On인 경우였더라도 Off로 변하게 된다. 따라서 counterForAlarmOn을 값을 하나 낮춘다. 그 후 counterForAlarmOn이 0이면 On된 알람이 하나도 없다는 것이므로 포그라운드 서비스를 종료한다.

이것으로 드디어 모든 기능 구현을 완료하였다.

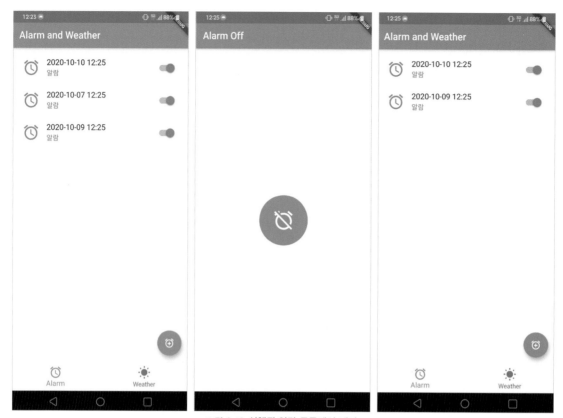

그림 8.13 실행된 알람 목록에서 제거

앱을 실행한 후 알람을 등록한다. 알람이 울리면 알람 종료 화면이 나타난다. 아이콘 버튼을 눌러서 알람을 종료한다. 다시 앱을 켜보면 종료한 알람이 삭제되어 있는 것을 확인할 수 있다. 그림 8.13에서는 3개의 알람 중 가운데 알람이 실행된다. 시작된 알람을 종료하면 해당 알람은 삭제된다. 이때 지워진 리스트에는 다음 라인의 리스트 알람 정보를 가져와서 덮어쓴다. 이런 방법으로 재정렬이 이뤄진다. 따라서 최종적으로 가장 우측 화면과 같이 된다.

모바일 앱 개발을 위한　　　Dart&Flutter

# 다트&플러터

**1판 1쇄 인쇄** 2020년 11월 5일
**1판 1쇄 발행** 2020년 11월 10일

—

지 은 이 서준수
발 행 인 이미옥
발 행 처 디지털북스
정　　가 23,000원
등 록 일 1999년 9월 3일
등록번호 220-90-18139
주　　소 (03979) 서울 마포구 성미산로 23길 72 (연남동)
전화번호 (02)447-3157~8
팩스번호 (02)447-3159

—

ISBN 978-89-6088-360-4 (93000)
D-20-21
Copyright ⓒ 2020 Digital Books Publishing Co., Ltd

**DIGITAL BOOKS**
디지털북스